SALOMÃO RIBEIRO

A ESSÊNCIA DOS CAMPEÕES

COMO FAZER SUCESSO NA VIDA E NO TRABALHO

Copyright© 2024 by Literare Books International
Todos os direitos desta edição são reservados à Literare Books International.

Presidente:
Mauricio Sita

Vice-presidente:
Alessandra Ksenhuck

Chief Product Officer:
Julyana Rosa

Diretora de projetos:
Gleide Santos

Capa:
Gabriel Uchima

Diagramação e projeto gráfico:
Alex Alves

Revisão:
Maria Catharina Bittencourt

Consultora de projetos:
Daiane Almeida

Chief Sales Officer:
Claudia Pires

Impressão:
Gráfica Trust

Dados Internacionais de Catalogação na Publicação (CIP)
(eDOC BRASIL, Belo Horizonte/MG)

R484e Ribeiro, Salomão.
A essência dos campeões: como fazer sucesso na vida e no trabalho / Salomão Ribeiro. – São Paulo, SP: Literare Books International, 2024.
224 p. : 14 x 21 cm

ISBN 978-65-5922-670-2

1. Autoestima. 2. Sucesso. 3. Autorrealização. I. Título.
CDD 158.1

Elaborado por Maurício Amormino Júnior – CRB6/2422

Literare Books International
Alameda dos Guatás, 102 – Saúde– São Paulo, SP.
CEP 04053-040
Fone: +55 (0**11) 2659-0968
site: www.literarebooks.com.br
e-mail: literare@literarebooks.com.br

SUMÁRIO

5	Dedicatória
6	Prefácio
9	Agradecimentos
11	Introdução
15	Meu primeiro *best seller*
22	Treine sua mente diariamente
30	Tenha fé, acredite!
35	Não desista dos seus sonhos
40	Batei e a porta vos será aberta!
42	Estabeleça as suas metas
50	O poder da comunicação
57	Você é um profissional motivado?
68	A força do entusiasmo para alcançar suas metas
73	Inteligência emocional
80	Atitude que faz a diferença
92	*Marketing* pessoal
98	III hábitos essenciais para a alta *performance*
105	Somos todos vendedores
115	Esforço ou talento
119	Qualificação profissional: invista em você
126	Mantenha o foco
131	Priorize o que você mais quer
137	O perfil empreendedor de sucesso
144	Desenvolva sua liderança
153	O otimista e o pessimista
158	Seja grato
165	Você merece o tapete vermelho
168	Supere seus limites, vencendo seus medos
170	Pessoas que só sabem reclamar!

172	Cuidado com as pessoas negativas
174	Quem merece o pódio?
176	Reinvente-se
177	Você é um supervendedor!
181	Quem realmente é o velho da casa
183	Seja distinto para não ser extinto
185	Caiu, levante-se
186	Cada vez mais forte
187	A melhor forma de aposentar a sua mente, cuidado!
189	Cuidado com os fofoqueiros de plantão!
191	Você pode estar próximo de um colapso e não se deu conta
193	É preciso querer
195	Por que eles não desistem!
197	Esse é o momento...
198	Desafios são pedras preciosas
200	Lute até o fim
202	Você é um diamante
203	Seja seu melhor amigo
204	O exercício físico é muito bom para o corpo e para a mente
205	Não desista de amar
206	Elas estão cada dia mais fortes!
208	Seja sábio e busque a sua felicidade
210	Os profissionais apaixonados pelo que fazem
212	Você é luz, brilhe onde você estiver
213	Vão dizer que é sorte
214	As coisas mais simples da vida
216	25 dicas para o sucesso pessoal e profissional
223	Referências bibliográficas

DEDICATÓRIA

Em todos os momentos especiais, devemos nos lembrar das pessoas mais importantes em nossas vidas. Este livro é mais um presente que Deus está me concedendo, por isso quero dedicá-lo a todas as pessoas que apreciam as minhas obras literárias, as palestras que já ministrei e os eventos que realizei em Itaituba e região.

Em especial, quero dedicar este livro à minha filha **Samily Ribeiro**, que vem trilhando uma história de sucesso. A meu filho, **Salomão Leite Ribeiro**. A minha amada mãe, **Rozimar Ribeiro**, mulher que me inspira por sua história de garra e superação, e a minha esposa, **Maria Gláucia,** que está sempre me ajudando e colaborando para as coisas acontecerem. E também aos meus amigos(as), em especial aqueles que me incentivam a continuar vencendo as adversidades da vida.

PREFÁCIO

Quando fui escolhida para fazer este prefácio, fiquei lisonjeada, primeiro, porque conheço um pouco da trajetória do vendedor, palestrante e escritor Salomão Ribeiro, uma caminhada de gigante, recheada de desafios, superação pessoal e crescimento profissional. Quando fazemos sacrifícios para alcançar nossos sonhos, descobrimos que ficamos mais fortes quando travamos batalhas da dimensão da nossa força, suportamos bem mais do que acreditamos.

Esse jovem lutou muito e ainda vem lutando com um propósito bem definido, levar conhecimento e motivação para as pessoas que acreditam em seu trabalho. Itaituba foi o município em que ele cresceu, sendo vendedor de chopinho, ou popularmente conhecido como flau, ele vendia de porta em porta, essa trajetória lhe trouxe muitas lições, a primeira delas e uma das mais importantes: "grandes batalhas transformam bons soldados em grandes guerreiros".

Foram muitas lições aprendidas, eu, particularmente, já tive várias oportunidades de ouvir seus ensinamentos e fico agradecida por tamanha contribuição para a humanidade, como escritor e palestrante que se destaca em nossa região. E, hoje, apresenta esta bela obra a seus leitores. O livro *A essência dos campeões* é um manual completo para todos que querem vencer na vida, construindo uma carreira, ou uma empresa de sucesso.

São aprendizados e lições que servirão para todos os jovens, profissionais e empreendedores que tiverem a oportunidade de obter este livro. Os capítulos foram bem trabalhados para estimular você a não parar de ler, seguir para o próximo capítulo, até concluir com sucesso o livro. A diferença marcante nesta obra foi ele ter expressado, além do seu conhecimento, a sua experiência adquirida nos muitos anos desenvolvendo treinamento para profissionais e para várias empresas de Itaituba e região.

Muitos conceitos apresentados pelo escritor foram frutos de estudos, pesquisas e vivência. Por isso, meu amigo(a) eu, como empresária, sugiro a você ler não somente uma vez este livro, mas tê-lo como um verdadeiro manual, todas as vezes que estiver precisando de um combustível para turbinar seus resultados. Leia novamente.

Do capítulo número um ao último capítulo, você será chamado para a ação, o seu aprendizado vai enriquecer bastante, assim como enriqueci lendo todos eles para escrever este prefácio. O que eu sugiro é você começar a ler e, automaticamente, colocar em prática.

Sucesso, prosperidade e felicidade são construídos por você, nesta obra, o autor coloca 100% a responsabilidade por seus resultados em você. No início, alguns capítulos trazem instruções e técnicas, mas, no geral, o livro está repleto de dicas motivacionais.

Mais uma vez, eu acredito que o Salomão Ribeiro acertou em produzir esta obra, que será, sem dúvida nenhuma, mais um *best seller* que o Brasil vai ter no mercado literário.

Amigo leitor, desejo alegremente uma boa leitura.

Antônia Carneiro, empresária.
Óptica Belém Prime - Itaituba/PA.

TODOS SÃO PÉROLAS PRECIOSAS E TÊM O SEU REAL VALOR.

AGRADECIMENTOS

**A essência de uma rosa é seu perfume.
A essência da vitória é a gratidão.**

Nenhuma obra, projeto ou ideia se concretiza sem o apoio das pessoas. Precisamos de parceiros, colaboradores e de gente que nos apoia e nos incentiva. Não é fácil finalizar um projeto de grande relevância. No percurso, surgem muitos desafios e atravessamos algumas adversidades. Nem sempre, em nossa caminhada, obteremos o sucesso. Assim é a vida, um enredo de vitórias, fracassos e aprendizados. Por isso, quero manifestar minha gratidão a todas as pessoas que colaboraram para a construção deste livro.

Em especial, quero agradecer a **Suelene Damasceno** e **Victor Alvino,** dois colaboradores que estão sempre dispostos a ajudar. A maioria dos capítulos e mensagens deste livro foram lidos primeiro por eles, os quais sugeriram algumas mudanças e revisões. A **Samily Ribeiro,** minha linda filha, que também me ajudou na revisão ortográfica de alguns capítulos. A professora **Taiane Oliveira,** que colaborou na revisão e sugestão de lapidação de alguns capítulos.

O verdadeiro motivo de um escritor dedicar tempo e conhecimento na construção de uma obra é a certeza de que ele está ajudando a transformar pessoas e colaborando para um mundo melhor. Portanto, aos leitores(a) que dedicam seu tempo na busca de motivação e conhecimento, meus agradecimentos.

Com esse propósito, dediquei-me à construção deste livro. Ressalto que foram anos, dias e meses estudando os profissionais e empreendedores de sucesso, para obter conhecimento e criar os textos, as mensagens e os capítulos apresentados nesta belíssima obra.

Quando o nosso coração está cheio de gratidão, entramos em estado de florescimento. Ao arquiteto do universo, agradeço eternamente pela oportunidade de multiplicar o conhecimento e a sabedoria, por meio das pérolas de motivação contidas neste livro.

> *Por estarmos vivos, devemos agradecer;*
> *Por estarmos com saúde, devemos agradecer;*
> *Por termos um lar, devemos agradecer;*
> *Por termos um trabalho, devemos agradecer;*
> *Por estarmos com nossa família, devemos agradecer;*
> *Por construirmos nossos sonhos e projetos, devemos agradecer;*
> *Por isso, eu agradeço por todas as riquezas que Deus tem me proporcionado.*

ESTE LIVRO É UMA DELAS.

INTRODUÇÃO
A ESSÊNCIA DOS CAMPEÕES

> "O conhecimento do mundo só pode ser adquirido no mundo, não dentro de um armário."
>
> (Lorde Chesterfield)

Estudar o comportamento dos campeões foi um pilar fundamental para eu lançar este livro. Sei que o conhecimento do sucesso vai muito além, não existe uma receita pronta, ou uma fórmula mágica para uma pessoa obter sucesso na vida e no trabalho.

Porém, neste livro trago um conhecimento valioso para todas as pessoas que querem buscar um posicionamento estratégico no mercado e obter o sucesso. Por conta do meu trabalho, convivo com bons profissionais e empreendedores que estão trilhando um caminho de sucesso. Trago nesta obra um conhecimento riquíssimo sobre alta *performance*, estratégia de vendas, autoestima, motivação, criação de hábitos, atendimento ao cliente, empreendedorismo, metas e qualificação profissional.

Muitas pessoas não se dão conta de que a vida é muito curta para ser desperdiçada com pessoas negativas e coisas infrutíferas. Às vezes, jogamos no lixo nosso maior patrimônio, que é o tempo, podendo ser utilizado para o nosso desenvolvimento pessoal e qualificação profissional. Sei que esse universo do aprendizado é riquíssimo.

O bom da vida é que a qualquer momento você pode buscar o seu propósito, a capacidade de decisão está em suas mãos. Não podemos deixar a vida nos levar de qualquer jeito, principalmente se estivermos almejando coisas grandiosas. Temos a liberdade de moldar o nosso destino, por isso, enriqueci este livro com um conteúdo extraordinário.

Se você olhar as pessoas que conseguem alcançar o sucesso em suas vidas, irá observar que algumas atitudes e comportamentos são semelhantes, ou seja, elas possuem algumas características em comum. São pessoas que trabalham muito, têm metas bem definidas e um propósito firme e forte.

Elas sabem que o resultado do seu trabalho e esforço vai ajudar outras pessoas a obterem sucesso, sabem que com elas o mundo se torna melhor para se viver. Esse sentimento de propósito se fortalece a cada dia dentro dos seus corações. Isso é essencial para elas vencerem as adversidades da vida.

Por isso, amigo leitor, sugiro que você leia com sede de crescimento este livro. Se sentir necessidade, leia outras vezes. Posso garantir que todo esse conhecimento e dicas são pérolas preciosas. Foram anos de estudos, dedicação e muito foco para esta obra chegar às suas mãos. Trago, além do meu conhecimento, minhas experiências para enriquecer esta belíssima obra literária.

"O homem é o que ele acredita." (Anton Tchékhov)

VÃO DIZER QUE VOCÊ NÃO CONSEGUE, QUE VOCÊ NÃO É CAPAZ!

As pessoas vão duvidar de você, desacreditando do seu potencial. As pessoas vão dizer que você não consegue. Alguns vão dizer que seus sonhos são grandes demais para você que é tão pequeno.

Mas elas não sabem o que está dentro do seu coração e da sua mente, elas desconhecem seu gigante interior, sua força motivadora. Elas o conhecem superficialmente e tiram conclusões precipitadas, tentando apagar seus sonhos, diminuir sua motivação e bloquear suas iniciativas.

Mas saiba que isso não será suficiente para fazer você desistir. Sabe por quê? Sua vontade de vencer vem do coração, sua determinação é mais forte, sua missão é simplesmente transformar essa realidade.

TREINE, TREINE, TREINE. Enquanto houver uma dúvida sobre sua vitória, treine novamente, até que a vitória seja consequência. E todos aqueles que duvidaram de você ficarão em pé, para aplaudir sua vitória.

Saiba que você nasceu para o sucesso, saiba que seus sonhos não são grandes demais.

Portanto, sonhe alto, mesmo que todos desacreditem. VOCÊ é o único que não pode desacreditar.

ACREDITE EM VOCÊ.

MEU PRIMEIRO BEST SELLER

A arte de escrever é saborosa, colocamos em um texto fatos e histórias enriquecedores que certamente despertarão as emoções positivas nos leitores ao lerem a obra. Isso é algo extraordinário. Esse resultado serviu como fonte de inspiração para mim como agente de transformação pessoal.

Quando fui escrever meu primeiro livro, tive um pouco de dificuldade, as pessoas na minha região geralmente liam muito pouco. Na minha família, principalmente, quando eu falava que estava escrevendo um livro, era desencorajado várias vezes com a seguinte frase: "Salomão, as pessoas da nossa região não têm o costume de ler"; "Rapaz, estamos em uma região garimpeira e o povo daqui gosta mesmo é de festa" ou "Olha, Salomão, com o advento das redes sociais, as pessoas estão deixando de ler livros impressos".

Alguns comentários feitos por amigos ou membros da minha família estavam certos. Com o mundo em evolução, cresceu muito o acesso à internet. Muitos conteúdos são benéficos, outros nem tanto. E isso tem tirado a atenção de boa parte das pessoas, principalmente dos jovens. Outro ladrão de tempo são as novelas, filmes e séries que estão nos canais fechados como, Amazon Prime, Netflix e Disney, entre outras plataformas.

Mesmo estando ciente dessa problemática, isso não serviu para me desencorajar. Quando seu propósito é definido e você tem como meta fazer algo bom para as pessoas, algo que simbolize você e pode fazer você protagonizar uma história de superação e sucesso, você não desiste com facilidade.

Meu primeiro livro foi como uma criança chegando na família. Na verdade, foram duas crianças, bem na época em que o Salomão Filho estava sendo gerado. Como eu estava tendo muita dificuldade em escrevê-lo e posteriormente lançá-lo, recebi-o com muita emoção.

Logo que a editora me enviou pelos correios quatro exemplares, eu fiquei monitorando quase todos os dias. Ao chegar à minha cidade Itaituba, eu não contei história, fui direto aos correios, nem esperei o carteiro entregar.

Recolhi a encomenda, abri e quase chorei de emoção. Foi uma jornada, quase três anos escrevendo o livro com o título *Desafie-se para vencer – Os segredos dos campeões*. Passaram quase 30 dias para chegar o restante dos exemplares pela transportadora. Eu estava na expectativa para fazer um grande lançamento, reunir clientes, amigos e pessoas da família para confraternizar nesse momento tão especial comigo. Assim eu fiz, escolhi o melhor hotel da cidade, chamado hotel Apiacás, e fui convidando os profissionais e empreendedores para o lançamento na noite agendada.

Formatei uma formação baseada no conteúdo do livro e apliquei nas cidades vizinhas. Em menos de um ano, tinha esgotado o estoque de livros. Viajei muito motivando as pessoas a buscarem seus desafios pessoais.

O que aprendemos com esse exemplo:

Irão aparecer várias pessoas tentando desencorajar você durante sua caminhada, não dê ouvidos a elas;

Não será fácil carimbar seu nome na história da sua cidade, mas se você tiver um propósito definido, você conseguirá;

Você terá que plantar todos os dias para colher lá na frente os resultados esperados.

O sucesso foi grandioso, a felicidade estava estampada no meu rosto. Mas você pode perguntar: "Salomão, um livro dá tanto trabalho para escrever e é tão barato para se vender como produto. Vale a pena?". Não é pelo preço do livro, é pelo valor que ele carrega. Muitos leitores terão suas vidas transformadas com a leitura de um bom livro, na certeza de que somos resultado dos livros que lemos.

Ser um escritor é um desafio. Uma vez, passei a tarde escrevendo um capítulo de um livro, quando minha esposa Gláucia chegou em casa, usou a seguinte expressão: "E aí, bonito, você não fez nada hoje?". Eu sorri e disse em seguida: "Você nunca saberá o valor que tem a arte de escrever, se tiver sempre esse conceito de que eu não fiz nada", em seguida afirmei: "Passei o dia escrevendo". Nesse momento, lembrei da frase do pensador Confúcio. **"Escolha um trabalho de que goste, e não terá de trabalhar um único dia da sua vida."**

IRÃO APARECER VÁRIAS
PESSOAS TENTANDO
DESENCORAJAR VOCÊ DURANTE
SUA CAMINHADA, NÃO DÊ
OUVIDOS A ELAS.

É um desafio, porém é saboroso ver as pessoas se transformando e dando depoimento da sua obra, falando que gostaram, que se motivaram, que no momento em que estavam lendo viajaram no pensamento e nas emoções. Por isso, eu não desisti, eu sabia que poderia colaborar com a vida e o sucesso de muitas pessoas.

> Aquele que desperta nas pessoas a capacidade de agir em direção ao desenvolvimento do seu talento é um ser transformacional. Seja na palavra falada ou escrita. Se você consegue esse feito, você é uma pessoa diferenciada. Um líder motivacional que tem um dom extraordinário de conduzir pessoas à sua felicidade e prosperidade.

Com essa visão, eu não parei, logo que finalizei a venda do meu primeiro livro, comecei a escrever o segundo, intitulado *Estratégia do super vendedor*. Nesse coloquei meus conhecimentos de vendas para serem compartilhados com as pessoas, principalmente os vendedores.

Lembrando que somos todos vendedores, vendas é a maior e melhor profissão do mundo. Eu cresci vendendo flau nas ruas da minha cidade, que são saquinhos contendo suco de frutas. Em outras regiões, o flau é conhecido como "dindim" ou "geladinho". Neste livro, eu relato essa história com detalhes.

Depois lancei dois livros como coautor pela editora Literare Books International, os livros intitulavam-se: *Manual de relacionamento com o cliente* e *O poder do otimismo*. Sou um dos autores dessas duas obras fantásticas, vendidas pelo Brasil afora, pelas plataformas de *e-commerce*.

Estou fazendo um breve resumo dessa jornada como escritor. Às vezes, não imaginamos como as palavras têm o dom de mudar o coração das pessoas. Em sua cidade, o que você está fazendo de extraordinário? Ou seja, como você está se destacando? Em tudo o que você for fazer, pense sempre como as pessoas reagiriam diante do seu feito, e como isso irá tocá-las e transformá-las.

> Isso é propósito definido, seja você um profissional, um empreendedor, um líder religioso, ou um cidadão comum. Todos somos convidados a dar sempre o nosso melhor, buscando feitos extraordinários.

A trajetória não para por aí ainda, comecei a me especializar na formação de *coaching*, interessei-me por uma área da Psicologia Positiva, para estudar a felicidade e como ser feliz em um mundo tão competitivo e turbulento. Assim eu o fiz, todo local onde estavam falando de felicidade ou Psicologia Positiva eu visitava. Visitei cidades, fiz formações, li muitos livros e conversei com várias pessoas especialistas ou não, mas que tinham algo para falar sobre a tão sonhada felicidade, que buscamos em vários lugares e esquecemos do local principal.

Mas onde é esse local principal? Em nosso interior! Já ouviu a frase que diz que nosso interior constrói nosso exterior? Ou seja, os pensamentos, sentimentos e emoções que estão na sua mente e no seu coração fazem nascer as atitudes e comportamentos no seu dia a dia. Por isso, devemos guardar somente coisas boas em nossos corações, não dando espaço para pessoas, fatos e notícias negativas.

Daí nasceu a vontade de escrever um livro que falasse da felicidade, de como ser feliz no trabalho, em casa ou na vida social. Não aquela felicidade utópica, que às vezes sonhamos demais, até nos darmos conta de que um sonho sem ação é ilusão. Queria falar da felicidade construída, seja em casa, na comunidade ou no trabalho.

Citando um grande visionário, empreendedor que revolucionou a tecnologia, o lendário Steve Jobs: "O trabalho ocupa uma grande parte da nossa vida, e a única forma de ficarmos verdadeiramente satisfeitos é fazendo aquilo que acreditamos ser um trabalho fantástico. E a única forma de fazer um trabalho fantástico é amarmos aquilo que fazemos".

Era dessa felicidade que eu queria escrever, dentro da Psicologia Positiva. Fazer aquilo de que gostamos, estar com as pessoas que amamos, valorizar os momentos positivos, nos movimentar, valorizando os desafios e o tempo presente e florescer naquilo que gostamos de fazer. Daí nasceu o livro: *Felicidade em alta performance*, publicado pela Editora Literare Books International.

Como estávamos com restrições para fazermos eventos abertos, em virtude da pandemia da COVID-19, eu comecei a vender o livro antes de fazer o lançamento, pois estava precisando de dinheiro, como todos os promotores, artistas, palestrantes, dentre outros profissionais que tiveram que paralisar totalmente suas atividades por causa da pandemia. Eu tinha uma alternativa, fazer a venda porta a porta, mostrar o livro e vender aos amigos(a), aos clientes e às pessoas interessadas em saber mais sobre como construir uma vida feliz.

Não posso deixar de citar que a pandemia foi trágica para todos nós, muitas pessoas estavam doentes, estávamos perdendo amigos ou parentes para a enfermidade que assolava o Brasil e o mundo. Logo foi exigido o uso de álcool e máscara em ambientes que tivessem aglomerações de pessoas. No período em que foi permitido aglomerar pessoas com restrições, fizemos o lançamento do livro no Espaço Português, com uma palestra baseada no livro, ministrada por mim. Apesar dos obstáculos citados, dentre outros que não vale a pena citar aqui, o lançamento do livro foi um sucesso.

Vendemos muitos exemplares após a palestra e isso ajudou muito no *marketing* da obra. Eu sempre falo, se você escrever um livro, você já é diferenciado, e se você escrever um livro e vender 100 exemplares, você é fantástico. Agora, meu amigo, se você escrever um livro e tornar este livro *best seller*, você é uma pessoa extraordinária.

Foi isso que aconteceu, formatei uma formação denominada Profissional de Alta Performance e ministrei em vários municípios, distritos e até nos garimpos, que são os locais mais distantes do município de Itaituba. Não deu outra, o livro foi vendido de forma estourada e virou *best seller*. Foram vendidos mais de 5000 mil exemplares.

Estrategicamente, a cada inscrição da formação que eu aplicava estava incluso um livro. No investimento pelo treinamento, o participante já pagava o livro. Assim eu fiz e foi um sucesso. Para qualquer produto ou serviço que lançamos, precisamos ter estratégia para lançá-los no mercado.

O livro foi um estouro de vendas nas plataformas. Para mim, que sou do interior do Pará, foi motivo de orgulho e satisfação pessoal. Na oportunidade, fui convidado pela Editora para receber a placa de escritor *best seller* em São Paulo, placa que trouxe um simbolismo positivo para mim.

Então, como você pode ter percebido, a arte de escrever vira um vício saudável. Hoje estou escrevendo esta obra que chegou em suas mãos, amigo leitor. Sei que vai ajudá-lo muito a conquistar seus objetivos pessoais. Por isso, pesquiso, entrevisto e compartilho conhecimentos valiosíssimos aqui para você. Sugiro que o leia várias vezes, que seja o livro de cabeceira para você.

Lembrando que esta obra é fruto de pesquisa, conversas com pessoas de sucesso que superaram muitas dificuldades para chegarem ao lugar onde estão hoje. O que podemos aprender com um escritor *best seller*, diante do que foi exposto anteriormente é que:

- Leia livros que façam você dizer: uau, preciso ler este livro novamente, ele mexeu comigo! Somos frutos dos livros que lemos;
- Não duvide da sua capacidade física, emocional ou intelectual. As dificuldades preparam pessoas comuns para destinos extraordinários;
- Busque histórias que aquecem o coração;
- Tudo que for fazer, faça com sentimentos de perfeição;
- Não deixe as pessoas desencorajarem você.

Perguntas estratégicas para você se fazer diariamente:

- O que estou fazendo está dentro do meu propósito de vida?
- Eu estou me dedicando aos meus objetivos pessoais e profissionais?
- Estou me atualizando a ponto de poder compartilhar conhecimento com as pessoas que amo?

TREINE SUA MENTE DIARIAMENTE

Não podemos nos entregar, mesmo nas situações de grandes adversidades. Se você tiver uma mente preparada, treinada para a superação, você vai conseguir vencer!

O exercício frequente promove a criação de hábitos. Muitas pessoas ainda não se deram conta de que nossa mente comanda o nosso corpo. Ou seja, pensamentos tornam-se sentimentos, sentimentos tornam-se ações e ações tornam-se resultados, positivos ou negativos.

Para que você possa evoluir, é necessário fortalecer sua mente para obter sucesso. Um exercício diário é a leitura de biografia de pessoas que passaram por turbulências e conseguiram se superar. Essas pessoas têm lições valiosas para compartilhar ao nosso crescimento. Não precisamos cometer os mesmos erros, por isso, buscar conhecimento com frequência se faz necessário.

Toda história traz lições para o nosso crescimento. Quando você tem oportunidade de conversar com uma pessoa que obteve o sucesso e o manteve, esse momento é valioso, aproveite cada segundo, absorva cada informação, cada dica, cada lição. São oportunidades raras, quando elas aparecerem, abrace-as sem medo.

Precisamos fortalecer a nossa mente, logo, outra sugestão é estudar os casos de sucesso, isso nos motiva em direção aos nossos objetivos. Pessoas que começaram um empreendimento do zero e conseguiram passar por várias situações e vencer cada uma delas são experiências riquíssimas.

O que os atletas de alto rendimento podem nos ensinar?

Eu observo muito os atletas de alta *performance*, eles são incansáveis, estudam o oponente, os pontos fortes, os pontos fracos. A expectativa é sempre vencer a luta. Nenhum atleta de alto rendimento entra no ringue para perder, mas, antes da competição, existem muitos exercícios que são realizados junto com o treinador, não somente exercícios físicos, mas também exercícios mentais.

Um deles é com palavras e frases de encorajamento. Durante o exercício físico, o treinador grita para o atleta se defender, falando:

VOCÊ É O MELHOR!
VOCÊ É DURO NA QUEDA!
VOCÊ NASCEU PARA VENCER!
VOCÊ VAI DETONAR SEU OPONENTE!
VOCÊ NÃO NASCEU PARA FICAR NO CHÃO, LEVANTE-SE, VOCÊ VAI SE SUPERAR.

Dentre outras palavras e frases para fortalecer a mente do atleta.

Isso é fundamental para encorajar e extrair o melhor daquele atleta. Em todas as áreas da vida, somos postos à prova diariamente. Imagine as pessoas que têm uma mente enfraquecida, essas pessoas no primeiro tombo se entregam, desistem e voltam para casa com o choro da derrota, conformadas com a regressão. Você pode superar qualquer situação por mais caótica que possa parecer, a única coisa que não pode acontecer com você é bater o desespero e se entregar, desistir e se contentar.

Sua mente comanda seu corpo, a criação de hábitos positivos torna-se extremamente importante, por isso todos os dias busque sua melhor versão:

- Acorde com vontade de vencer;
- Em algumas situações, o medo vai querer dominar você, não deixe isso acontecer;
- Esteja com pessoas que admiram e torcem por você;
- Estude frequentemente, quando você alimenta seu cérebro com coisas boas, você o fortalece;
- Converse com pessoas que inspiram você;
- Leia as biografias de pessoas de sucesso;
- Estude comportamento de pessoas que deram a volta por cima;
- Não se contente com o fracasso, você não nasceu para ficar no fundo do poço;
- Quando bater a vontade de desistir, diga a si mesmo, "eu não sou um derrotado, eu nasci foi para vencer";
- Alimente a sua fé, quando temos uma fé inabalável, não entramos em desespero, buscamos sempre uma saída honrosa.

O treinamento precisa ser diário. Durante o percurso, você encontrará pessoas tentando desencorajá-lo, mas quando você tem a mente blindada, consegue tirar de letra uma situação dessa. Quando sua mente é vulnerável a todo tipo de comentários negativos, isso atrapalha consideravelmente o seu desempenho, portanto, faça esses exercícios onde estiver, acredite, você vai se blindar de várias situações.

OUTRO FATOR IMPORTANTE É A VISUALIZAÇÃO POSITIVA

A força da imaginação criadora vem sendo comprovada a cada dia por pesquisas científicas que estudam a *performance* de atletas de elite e profissionais de alto desempenho. O sucesso depende da automotivação e do entusiasmo. Para obter sucesso, precisamos desenvolver a capacidade de imaginar, criando telas mentais dos resultados que pretendemos alcançar. O subconsciente não faz distinção entre um fato real e um fato vivamente imaginado. Visualizar ações, coisas, caminhos a serem percorridos, aproxima as condições para executarmos nossas metas. Para atingir metas, é essencial criarmos uma autoimagem positiva. Você precisa ser e ter um conceito positivo dentro de você mesmo, como uma pessoa talentosa, feliz e de sucesso.

Imagine-se conseguindo o que você deseja. Sua família unida e feliz, suas metas sendo alcançadas e seus sonhos sendo realizados com sucesso. Não permita que pessoas e imagens negativas entrem na sua vida e, principalmente, ocupem sua mente. Visualize esse futuro para que o seu presente saiba como chegar até ele.

Pessoas de sucesso vêm declarando que fazem uso da sua imaginação, materializando na vida real as suas mentalizações positivas.

O que você busca é felicidade? Então, visualize momentos felizes.

EXERCITE A SUA IMAGINAÇÃO CRIADORA

Se você quer alcançar suas metas, visualize-as sendo alcançadas por você, imagine-se conquistando os resultados pretendidos. Se você quer uma boa saúde, visualize seu corpo em perfeito estado. Se você quer paz de espírito, prosperidade, autoconfiança e sucesso, condicione sua mente para o que você deseja. Criando visualizações e as repetindo sempre, com firme decisão de realizá-las, você alcança o objetivo que deseja.

O grande cientista Albert Einstein revolucionou o modo de perceber o tempo, o espaço e a gravidade. Pelas dificuldades que ele enfrentou no início de sua vida, poderia achar impossível que viesse a ter condições de conquistar o que conquistou, mas ele foi além: pensou o que ninguém havia pensado antes, visualizou o que ninguém tinha visualizado, e foi tido como louco por familiares, colegas de trabalho e pela sociedade. Achavam que ele não era normal, que sua cabeça não funcionava bem.

Sabe por que a visualização é tão poderosa? O motivo é simples: ao criar imagens em sua mente, você gera pensamentos e sentimentos de ter o que deseja, no momento presente.

Um jovem estudante que deseja muito passar no vestibular, por exemplo, ao imaginar-se com esse desejo realizado, seu estado mental muda, seu coração acelera e ele se sente feliz. Fica em estado de felicidade.

Outro exemplo: uma pessoa de poucos recursos financeiros e que sonha em ter uma casa própria imagina-se entrando na casa que comprou com muita dedicação e sacrifício. Só pelo fato de se imaginar com este sonho realizado, o seu estado de espírito muda consideravelmente.

Pense em um casal que vai se unir pelos laços do matrimônio: antes mesmo de marcar a data do casamento, a noiva cria uma imagem perfeita de como será seu casamento, sua vida conjugal e a criação dos filhos em uma bela casa.

Ao fazer uma visualização desse tipo, as atitudes da pessoa se direcionam para o objetivo pretendido, como se ela já estivesse vivendo, no presente, aquela situação futura. O estado mental se transforma e a cena visualizada começa a se materializar.

Quem deseja obter sucesso sabe que precisa correr riscos calculados e assumir responsabilidades. Imagine-se conquistando o sucesso em sua atividade. Planeje esse sucesso na sua mente. Visualize-se agindo para alcançá-lo, deseje ardentemente o que você quer e siga o rumo planejado. Você está a caminho.

Quando uma determinada meta for realmente importante para você, relacione essa meta com uma escala de valores mais elevada. Se você deseja realmente atingi-la, os obstáculos desaparecerão. Para obter sucesso, é preciso automotivação. Isso fortalece o seu desejo, que se mantém firme em sua mente e em suas atitudes no dia a dia, na certeza de que será realizado.

"Tudo o que a mente humana pode conceber, ela pode conquistar." (Napoleon Hill)

O que você deseja visualizar?

Exercite uma visualização como estas, adaptando-as ao seu objetivo:
- Se você não gosta do seu corpo, pense e visualize o corpo que você quer para você. Imagine-se também se alimentando de modo saudável, praticando esportes e se divertindo.
- Se você não tem dinheiro suficiente, visualize-se ganhando dinheiro. Imagine também a sua atividade profissional acontecendo com sucesso e gerando esses resultados.
- Se você deseja muito uma casa bonita e ainda não a possui, visualize a casa dos seus sonhos. E imagine como você conseguiu chegar a esse objetivo.
- Se você precisa muito de um carro e ainda não consegue comprá-lo, imagine-se dirigindo seu carro. Visualize cada detalhe do ato de dirigir, as ruas por onde você passa, o que faz e com quem está.
- Se você não possui o emprego que deseja, visualize o seu dia de trabalho nesse emprego, imaginando detalhes da sua rotina, suas atitudes como profissional respeitado, sua participação em reuniões e em projetos bem-sucedidos.

É preciso lembrar que os pensamentos não moram de graça na cabeça de ninguém e que todos representam investimentos ou custos: ou levam a pessoa na direção da felicidade e do sucesso, ou a afastam dessas duas coisas; ou a fortalecem ou a enfraquecem.

Como você já deve ter percebido nas sugestões de visualização que indicamos, o sucesso vai depender também de suas atitudes, que precisam ser coerentes com os pensamentos. Os pensamentos com visualizações criadoras, associados às suas atitudes, contribuem para a formação do seu futuro.

Se você escolheu ser uma pessoa rica e bem-sucedida em todos os aspectos, comece a visualizar as estratégias para alcançar essa meta e, acima de tudo, assuma o controle da sua vida afastando-se de pensamentos negativos. Direcione suas atitudes para o alvo traçado. E mantenha-se no comando, tanto nos momentos positivos quanto nas dificuldades que possam ocorrer ao longo dessa caminhada.

Tenha sempre em mente que é você quem cria a sua vida. Só você tem esse poder.

A partir de hoje, a visualização positiva deve se tornar uma rotina em sua vida. Quanto mais você visualizar a ação planejada, mais possibilidade ela terá de se fortalecer na sua mente e nas suas ações. Lembrando sempre que suas atitudes serão determinantes para a conquista do sucesso. Atitudes vencedoras geram resultados vencedores.

VISUALIZE-SE:
- ✓ *UM VENCEDOR;*
- ✓ *ATINGINDO SUA META E INDO ALÉM;*
- ✓ *SUPERANDO SEUS LIMITES;*
- ✓ *CONQUISTANDO A SUA CASA PRÓPRIA COM SEU CARRO NA GARAGEM;*
- ✓ *COM A MOTO DOS SEUS SONHOS;*
- ✓ *NO EMPREGO IDEAL PARA VOCÊ;*
- ✓ *CASADO COM A PESSOA QUE VOCÊ AMA;*
- ✓ *SENDO APROVADO NO VESTIBULAR;*
- ✓ *CONCLUINDO SUA FACULDADE;*
- ✓ *MANTENDO SEU PESO IDEAL COM A SAÚDE PERFEITA;*
- ✓ *ALCANÇANDO A VITÓRIA;*
- ✓ *FAZENDO SUCESSO;*
- ✓ *SENTINDO-SE FELIZ E COM PAZ DE ESPÍRITO.*

Visualizar que você está alcançando seus objetivos não combina com a atitude de ficar parado esperando as coisas acontecerem. É hora ser proativo e não apenas reativo. É hora de acreditar em sua capacidade de vencer obstáculos e atingir o sucesso.

SAIBA DISSO!

Você tem um pedacinho do céu para conquistar, mas é essencial acreditar em Deus. Entretanto, se você quer conquistar o mundo, tem que acreditar em você, porque Deus já lhe deu tudo o que você precisa para vencer aqui na terra. Deus lhe deu a capacidade de sonhar, a capacidade de visualizar seu sucesso, a capacidade de realizar e a capacidade de desfrutar o que conquistou.

FORTALEÇA A SUA MENTE!

ALGUNS PENSAMENTOS PODEM ATRASAR VOCÊ, BLOQUEAR E ATÉ BOICOTAR SUAS AÇÕES.

Toda vez que passar por sua cabeça um pensamento negativo, mude imediatamente, muitas das nossas ações são bloqueadas por nossos pensamentos. Falo com muitas pessoas por conta do meu trabalho e algumas vezes observo que a maioria delas são cheias de boas ideias, mas não colocam em prática, porque pensam que vai dar errado.

Os pensamentos negativos sabotam! Sabe por quê?

Quando você começa a ter esse diálogo negativo com você mesmo, a sua motivação diminui e automaticamente a sua vontade de realizar determinada tarefa cai consideravelmente. Para não deixar que esses sabotadores cresçam em sua cabeça, comece a ter um diálogo positivo com você.

Ao amanhecer o dia, diga: **"ESTOU MAIS PRÓXIMO DO MEU SONHO"** só depende de mim, vou buscá-lo. Nesse momento, é essencial que você não se compare com os outros. Sua realidade e objetivo são diferentes, foque em como alcançá-los.

Quando aparecer um desafio, diga: **"HOJE IREI FAZER DE TUDO PARA DAR O MEU MELHOR"** a autoconfiança é fundamental e além disso condiciona sua mente para resultados almejados.

Quando der vontade de parar, diga: **"JÁ MELHOREI BASTANTE E POSSO IR AINDA MAIS LONGE"**. Lembre-se, no início tudo é mais difícil, mas, com toda certeza, se você aplicar seu conhecimento e dedicar-se ao objetivo, alcançará a sua meta.

Imagine-se cruzando a linha de chegada, imagine você recebendo a sua medalha por mérito e sendo aplaudido(a) pelas pessoas que você ama. Lembre-se, você não precisa de certos pensamentos, principalmente aqueles que o puxam para trás. Por isso, alcançou sua meta, está na hora de comemorar.

ESSE DIÁLOGO VAI AJUDÁ-LO MUITO, PODE ACREDITAR.

QUANDO APARECER UM DESAFIO, DIGA: "HOJE IREI FAZER DE TUDO PARA DAR O MEU MELHOR" A AUTOCONFIANÇA É FUNDAMENTAL E, ALÉM DISSO, CONDICIONA SUA MENTE PARA RESULTADOS ALMEJADOS.

TENHA FÉ, ACREDITE!

"Suba o primeiro degrau com fé. Não é necessário que você veja toda a escada. Apenas dê o primeiro passo."

(Martin Luther King)

Existe uma força invisível que move o coração e a mente da humanidade. Costuma-se dizer que esta força torna possível a uma pessoa comum realizar verdadeiros prodígios, coisas extraordinárias, como subir os mais altos topos das montanhas da vida, alcançar os mais difíceis pódios, vencer os mais arriscados desafios, superar as mais complicadas adversidades, curar as mais dolorosas enfermidades. Tudo isso é verdade, porém o mais importante é vivenciar, em nossa vida diária, esta força que existe graças ao ser superior que comanda o universo, e que é chamada de fé.

Certamente, você já leu e já ouviu muitas afirmações sobre o poder da fé, e agora está lendo isto aqui de novo. Sugiro que você aproveite este momento e olhe para dentro de si mesmo. Afinal, você tem fé?

Nesse exato momento, você poderá responder só para si, com absoluta sinceridade. Responda mentalmente as perguntas a seguir e aproveite esta oportunidade para se conhecer melhor:

Em que você tem fé? Na vida? Na sua família? Nos líderes da religião que você professa? No governo? Na empresa onde você trabalha? Nas pessoas? No seu futuro? Em dias melhores? Em uma sociedade mais justa? No futuro do seu país? No futuro da humanidade? Em Deus?

Quando você pratica a sua fé? Quando está orando na igreja? Quando se vê em uma situação muito complicada e precisa de forças para superar as dificuldades? Quando todos os outros recursos já se mostraram ineficazes e só lhe resta apelar ao poder divino? Ou na sua vida diária?

A FÉ "MOVE MONTANHAS"?

Você já deve ter ouvido essa frase centenas ou milhares de vezes: "A fé move montanhas". Porém, muita gente repete essas palavras sem perceber que, na verdade, pode aplicá-las nas mais diversas situações de sua própria vida. Como assim?

Quando Jesus falou sobre o poder da fé, ele disse o seguinte:
"Eu lhes asseguro que se vocês tiverem fé do tamanho de um grão de mostarda, poderão dizer a este monte: 'Vá daqui para lá', e ele irá". Nada lhes será impossível.

Ele quis nos dizer que nossa fé pode ser algo simples e pequeno como um grão de mostarda. Já viu um grão de mostarda? São sementinhas diminutas, que não chegam a dois milímetros.

A fé mais profunda não precisa ser grandiosa, cheia de pompas e rituais, pois está em nosso coração, é um sentimento que vivemos no dia a dia. E o monte a que ele se refere são os desafios que enfrentamos na vida. Está enganado quem acha que ter fé de verdade é ser capaz de mudar montanhas de lugar. Pensar assim distancia a fé da nossa vida diária. Muito mais importante é ter fé em todos os momentos, do modo mais simples, nas situações pequenas como um grão de mostarda e que, somadas, fazem toda diferença em nossa vida.

COM FÉ VOCÊ VAI LONGE

Está comprovado que, tendo fé, conseguimos tornar possível o que antes parecia impossível. São inúmeros os relatos de pessoas que foram curadas de enfermidades desenganadas pela ciência e pela medicina formal.

Você já viu, pelo menos em vídeo ou no cinema, uma pessoa caminhando sobre brasas incandescentes, sem sentir dor nem medo? Este é apenas um exemplo da nossa capacidade de superar as condições mais adversas e sobreviver, com a força da fé. São tantas as evidências do que a fé pode fazer em nossas vidas, que poderíamos preencher páginas e mais páginas contando incríveis acontecimentos que já tive a felicidade de presenciar.

Com fé, você consegue ultrapassar seus limites e vencer as maiores adversidades, porque a força da fé faz com que você acredite em sua própria capacidade, fortalecendo a sua autoconfiança.

Para vender alguma ideia a alguém, ou conquistar sócios para um empreendimento que você idealizou, ou mesmo para conseguir um emprego que você almeja, quem é a primeira pessoa que precisa acreditar na sua capacidade realizadora? Quem é que precisa saber, antes de qualquer outro, que você é inteligente e criativo? Acertou: é você mesmo! Não adianta querer realizar alguma coisa sem acreditar no seu poder pessoal. A fé também faz parte dessa crença que você precisa ter em si próprio, pois é uma chave para o crescimento de sua capacidade de superação.

Somente por meio da fé poderemos realizar nossos planos de vida, dando passos concretos na direção dos nossos sonhos.

Acreditando que é capaz de realizar seus sonhos, você pode ir longe. Nunca diga que algo é impossível, pois quem pensa dessa forma nunca tentou de verdade. Tenha certeza de que, com fé e determinação, você aumentará seu desempenho e produzirá mais.

Suas crenças tornam-se poderosas quando você se prepara emocionalmente e positivamente. Esse poder lhe confere a capacidade de controlar os seus pensamentos e de fortalecê-los, alinhando suas forças com as forças positivas do universo. Tudo fica mais fácil.

Quando você acredita em você, a atitude mental positiva atrai condições favoráveis à sua atuação e as oportunidades começam a surgir em seu universo pessoal e profissional.

Como seres humanos, dotados de inteligência racional e emocional, podemos firmar nossos pensamentos e sentimentos naquilo que desejamos. É preciso visualizar em nossa mente o que desejamos, tornando esse desejo completamente claro, para então invocar uma das maiores leis do Universo: a lei da atração. "Você se torna aquilo em que mais pensa, mas também atrai aquilo em que mais pensa", como nos ensina John Assaraf. Por intermédio da sua fé, você consegue criar um estado de espírito realizador, alicerçando a sua vida com pensamentos prósperos.

"Pensamentos felizes levam fundamentalmente a uma bioquímica feliz, a um corpo mais feliz e mais saudável", afirma o Dr. John Hagelin. Está cientificamente comprovado que pensamentos negativos e estresse degradam seriamente o corpo e o funcionamento do cérebro. Isso acontece porque os nossos pensamentos e as nossas emoções continuamente remontam, reorganizam e recriam o nosso corpo.

Em que você acredita? Será que sua fé na realização dos seus objetivos é forte o suficiente? Será que você realmente acredita nessa força que move os homens e as mulheres de sucesso? Os criadores e desenvolvedores das grandes invenções e dos grandes empreendimentos foram contagiados por esse poder em seus universos criativos. Portanto, lembre-se: precisamos acreditar que tudo pode mudar; precisamos olhar nossas atividades com a firme esperança de que seremos bem-sucedidos. Em resumo: precisamos agir com fé, em tudo que fizermos.

SOMENTE POR MEIO DA FÉ PODEREMOS REALIZAR NOSSOS PLANOS DE VIDA, DANDO PASSOS CONCRETOS NA DIREÇÃO DOS NOSSOS SONHOS.

A fé superior restaura nossas forças, nos faz acreditar e nos renova. Fico impressionado quando vejo senhoras caminhando grandes distâncias para cumprir uma promessa que fizeram. Como será que essas pessoas, com o corpo já desgastado pelo tempo, conseguem encontrar energia para andar muitos quilômetros, sob o sol quente e a atmosfera seca? Se não fossem movidas pela força da fé, que revitaliza as energias e recarrega as esperanças, elas não conseguiriam cumprir suas promessas.

Lembre-se disso:

TENHA FÉ. ACREDITE EM VOCÊ!

Quando sua mente se deixa envolver pela força superior da fé, você supera seus maiores medos, adversidades e pensamentos negativos. Fortaleça sua fé, acredite em você.

- A única pessoa que pode fazer sua vida valer a pena é você mesmo;
- Com a força da fé, lute por aquilo em que você acredita. Não espere, nem desespere. Aprenda a superar desafios todos os dias;
- A felicidade existe dentro de você; perceba isso e escolha ser feliz;
- Sinta o prazer de viver, pois viver é uma dádiva de Deus;
- Nunca se esqueça de que é preciso acreditar. A esperança existe para que você acredite e persevere sempre;
- Quando se sentir sozinho, olhe para a lua e as estrelas. Lembre-se de que você faz parte desse Universo grandioso e nunca está só;
- Você comanda os seus pensamentos: pense positivo, porque a energia está em você;
- Não deixe que o hoje seja apenas mais um dia comum na sua vida;
- O seu sonho de vida pode, sim, tornar-se realidade, desde que você realmente acredite.

A Bíblia diz: "E tudo o que pedirem em oração, se crerem, vocês receberão".

NÃO DESISTA DOS SEUS SONHOS

> "Cada sonho que você deixa pra trás, é um pedaço do seu futuro que deixa de existir."
>
> (Steve Jobs)

A capacidade de sonhar faz nossa vida se mover. As grandes personalidades da história da humanidade sonharam muito. As inovações que transformam nossa vida surgem primeiramente no sonho de alguém. Grandes empreendimentos foram criados no mundo depois que estiveram na imaginação de seus criadores, na forma de sonhos. Cientistas fizeram grandes descobertas, valiosas obras de arte foram criadas, medicamentos importantes foram formulados, possibilitando a cura de doenças graves. Nós, seres humanos, temos esse privilégio de sonhar, antes mesmo de realizar a ação, ideia ou projeto. Aqueles que acreditam e não têm medo de ousar conseguem ver concretizados os seus sonhos.

Sonhar faz bem para a alma, faz bem para a mente, faz você superar os fracassos, os deslizes da vida. Sonhar faz você superar as desilusões e vencer desafios. Sonhar faz você reformular sua vida, encontrar seu horizonte, motivar-se para realizar grandes feitos. Os sonhos movem as pessoas em direção às suas realizações.

Acredite nos seus sonhos, sonhe alto, sem medo. Viva o presente, mas sonhe com o futuro, projete seu sonho com vontade e intensidade. Sonhar sai barato, mas sonhe acordado, com os olhos bem abertos e com os pés no chão. A vontade de vencer vai fazer você operacionalizar seu sonho, tornando-o real e não apenas imaginário. Algumas pessoas podem até chamá-lo de louco; não se preocupe, muitos realizadores foram tidos como loucos, até provarem o contrário para a sociedade.

REALIZADORES DE SONHOS

Embarcações que ninguém jamais imaginara que pudessem navegar submersas na água; aparelhos de última geração que ninguém nunca imaginava que um dia existiriam... Pois é. Ninguém havia imaginado (ou, se alguém imaginou, não acreditou) até que começaram a tomar forma nos sonhos de seus descobridores. Um bonito exemplo é o de Santos Dumont, que sonhou e acreditou ser possível construir e conduzir uma máquina mais pesada que o ar, quando todos achavam esse invento uma utopia. Eis aí o avião, encurtando distâncias de todo o mundo.

Os empreendedores que apostam na realização de seus sonhos conseguem melhorar a vida de muita gente, oferecendo suas ideias, produtos e serviços, e ainda conseguem desfrutar de uma vida equilibrada financeiramente, de uma família estável e com boa saúde. Tiveram a oportunidade de ajudar no crescimento da economia do nosso país, fabricando produtos de qualidade, transformando *hobby* em negócio, construindo empresas com reconhecimento na sociedade. As empresas dos grandes realizadores de sonhos, nos dias de hoje, têm responsabilidade social e ambiental, firmando-se como referência em todo mundo.

Grandes empreendedores escreveram seus nomes na história da humanidade porque viajaram nos seus sonhos, com persistência, foco e determinação, alguns em vida, outros em memória. No cenário internacional, podemos citar sonhadores como Sam Walton, fundador da Wal-Mart; Howard Schultz, da Starbucks, a maior rede de cafés do mundo; e Soichiro Honda, criador da Honda Motor Company, hoje uma das maiores fabricantes de motos do mundo. Muitos outros nomes poderiam ser citados, mas vamos destacar a figura de Walter Disney, que se tornou conhecido desde as décadas de 1920 e 1930, por seus personagens de desenho animado, como Mickey e Pato Donald, criador também do parque temático sediado nos Estados Unidos, a Disneylândia, além de ser o fundador da corporação de entretenimento conhecida como Walt Disney Company. No Brasil de hoje também poderíamos citar muitos realizadores de sonhos, como Roberto Marinho, fundador da Rede Globo, e Silvio Santos, criador do Sistema Brasileiro de Televisão – SBT; Luiza Helena Trajano, do Magazine Luiza; Salim Mattar, da Localiza; Antônio Luiz Seabra, um dos fundadores da empresa Natura Cosméticos; e Abilio Diniz, do Grupo Pão de Açúcar.

TRANSFORME SEU SONHO EM REALIDADE

- Tenha em mente o que você quer de fato;
- Veja de que forma o seu sonho vai ajudar as pessoas, além de você;
- Não aceite a derrota como resultado final;
- Priorize as ações que poderão levá-lo ao mais próximo dos seus sonhos;
- Converse com pessoas que o motivem à realização;
- Canalize suas energias em direção aos sonhos;
- Diga não às ações que possam distanciar você dos seus sonhos.

Equilibre sua vida nas esferas profissional, familiar, espiritual, social, física, financeira e material. Buscar essa convergência é um importante desafio para a realização dos nossos sonhos.

> "Alguns homens veem as coisas como são, e dizem 'Por quê?'. Eu sonho com as coisas que nunca foram e digo 'Por que não?'" (George Bernard Shaw)

O MEDO DE SONHAR

A mãe que pergunta ao filho o que ele quer ser quando crescer está alimentando nele a capacidade de sonhar. Ainda pequena, a criança que recebe esse tipo de estímulo começa a projetar sua vida, visualizando os horizontes que poderá conquistar, e sem se preocupar muito com as barreiras. Ela imagina como será seu futuro profissional e, assim, quando fizer um desenho na sala de aula imaginando sua vida, sua família unida, estará fazendo uma viagem com seus pensamentos e alimentando seus sonhos.

O grande problema é que nossa sociedade é voltada para o NÃO. Fiz um curso de psicologia com um amigo, o psicólogo Mauri Gaspar, que explicava o seguinte:

– Ensinamos às nossas crianças na base do não: "não pode", "não deve", "não faça", "não pegue", ou frases como: "não perca tempo", "não se esforce", "não vale a pena". Essas ideias negativas são rotineiras na convivência familiar e escolar.

Nossa sociedade costuma inibir terrivelmente em nossas crianças a capacidade de sonhar e criar seu futuro imaginário. Na maioria das vezes, em vez de estimular a ousadia e a vontade de vencer, só fortalecemos o medo da frustração, do risco e da decepção. Esse medo, introjetado na mente das crianças, cria grandes barreiras para a realização dos sonhos.

PRECISAMOS MUDAR

Podemos criar hábitos em direção ao nosso sucesso. O hábito de sonhar pode ser também adquirido por qualquer um de nós, desde que tenhamos vontade firme. Basta querer, pois querer é poder. Precisamos mudar, cultivando a semente da realização, transformando nosso estado mental, derrubando crenças limitadoras, saindo do quadrado, optando pelo pensamento positivo, e não pelo negativo, fortalecendo a nossa motivação.

Vale a pena lembrar que motivação é o impulso interno que nos leva à ação; é a força (motivo) que nos leva a agir. A palavra vem do latim "*movere*", mover para realizar determinada ação, e está diretamente ligada aos nossos desejos, necessidades e vontades.

No tópico "Transforme seu sonho em realidade", dentro deste capítulo, você leu a seguinte frase: "Veja de que forma o seu sonho vai ajudar as pessoas, além de você." Essa é uma dica extremamente importante para a realização de sonhos que faz diferença na vida de todos. Pense no contexto global, de que forma você pode contribuir para a sua comunidade. O que mais motiva os que conseguem transformar sonhos em projetos concretos é a esperança de melhorar a realidade em que vivemos, contribuindo para dias melhores, para uma sociedade mais justa e solidária.

Quando vemos um professor ministrando sua aula com prazer e amor, vemos a realização de um sonho. Quando vemos um empreendedor desenvolvendo seu negócio com sucesso, vemos a realização de um sonho. Quando vemos um médico atendendo seus pacientes com carisma e dedicação, vemos a realização de um sonho. Quando vemos dois jovens se casando, vemos um sonho que se realiza. Quando vemos uma mãe com seu bebê recém-nascido, vemos um sonho realizado. Quando vemos um jovem recebendo seu diploma de conclusão de curso, vemos um sonho se tornando realidade. Estes são momentos na vida que não têm preço. A realização dos sonhos traz felicidade.

Todos os sonhos que se realizam são poderosos estímulos para a nossa vontade de vencer. Realizando sonhos, mantemos a chama do entusiasmo acesa, viva e intensa. Esta é também uma excelente oportunidade de você se mostrar capaz de construir uma história de sucesso e superação, fazendo a diferença na vida e no trabalho. Pessoas realizadoras têm prestígio e credibilidade, porque contribuem para a qualidade de vida de toda a sociedade.

> Sonhe com aquilo que você quiser
>
> Seja o que você quer ser, porque você possui apenas uma vida e nela só se tem uma chance de fazer aquilo que quer.
>
> Tenha felicidade bastante para fazê-la doce.
>
> Dificuldades para fazê-la forte.
>
> Tristeza para fazê-la humana.
>
> E esperança suficiente para fazê-la feliz.
>
> As pessoas mais felizes não têm as melhores coisas.
>
> Elas sabem fazer o melhor das oportunidades que aparecem em seus caminhos.
>
> A felicidade aparece para aqueles que choram.
>
> Para aqueles que se machucam.
>
> Para aqueles que buscam e tentam sempre.
>
> E para aqueles que reconhecem a importância das pessoas que passam por suas vidas.
>
> (Clarice Lispector)

BATEI E A PORTA VOS SERÁ ABERTA!

A REALIZAÇÃO DOS SEUS SONHOS É UM TEMA IMPORTANTE NA PRÓPRIA BÍBLIA:

> *"Pedi e vos será dado! Procurai e achareis! Batei e a porta vos será aberta! Pois todo aquele que pede recebe; quem procura encontra; e a quem bate à porta, ela será aberta. Quem de vós dá ao filho uma pedra, quando ele pede um pão? Ou lhe dá uma cobra, quando ele pede um peixe? Ora, se vós, que sois maus, sabeis dar coisas boas a vossos filhos, quanto mais vosso Pai que está nos céus dará coisas boas aos que lhe pedirem! Tudo quanto quereis que os outros vos façam, fazei também a eles. Nisto consiste a Lei e os Profetas". (Mt 7, 7-12)*

Portanto, saiba que aquilo que é seu está profetizado. Mas é preciso fazer um plano de ação e, na execução desse plano, adotar atitudes vencedoras para superar obstáculos que surgirem em seu caminho.

ATITUDES VENCEDORAS PARA REALIZAR SONHOS

- ✓ Aprender a dizer não;
- ✓ Focar no alvo com determinação;
- ✓ Buscar parcerias;
- ✓ Criar estratégias de combate;
- ✓ Usar seu tempo de forma produtiva, buscando soluções criativas;
- ✓ Perder o medo de errar, superando os traumas da infância;
- ✓ Sair da zona de conforto;
- ✓ Disciplinar-se com as ações certas;
- ✓ Afastar-se de pessoas e fatos negativos;

✓ Planejar sua vida com foco no seu sonho.

> **"Se não está sonhando, você deve estar dormindo. Acorde e sonhe." (Cesar Fialho)**

ESTABELEÇA AS SUAS METAS

"Sem sonhos, a vida não tem brilho. Sem metas, os sonhos não têm alicerces. Sem prioridades, os sonhos não se tornam reais."

(Augusto Cury)

O que move as pessoas em busca de realizações na vida são seus sonhos, mas o que as realiza é a concretização desses sonhos. Para que isso aconteça de fato, é necessário estabelecer metas. Quando você estabelece metas, fica mais claro o que deseja na sua vida pessoal e profissional. Direcionando o foco para os resultados almejados, as conquistas ficam mais próximas de você. Todo ser humano precisa ter em mente, com bastante clareza e vontade, as metas que deseja conquistar, mantendo-se ligado a uma visão de futuro.

Imagine que você está dirigindo seu carro em uma estrada e seu destino é uma determinada cidade. Qual o nome da cidade? Vamos ver um nome... "Realização", por exemplo. Você está indo a um lugar chamado Realização. No início da viagem, há um trevo com placas indicadoras para várias cidades. Você procura a sua e segue na direção indicada por uma seta. Entra na direção correta e, logo que começa a estrada, surge uma placa: "Realização: 100 km". Você continua seguindo as placas e a distância indicada vai diminuindo. 50 km, 30 km, 10 km, 5 km... Até que chega ao seu destino.

A META É UM DIRECIONAMENTO

Quando sabe aonde quer ir e segue o caminho certo, você chega lá. Se andar ao sabor do acaso, sem definir uma direção e um destino, a chance de chegar a um bom lugar será mínima. E o risco de se dar mal será muito grande.

Estabelecendo metas e se motivando para concretizá-las, você assume o controle da sua vida. Toda a sua energia é canalizada para alcançar os objetivos estabelecidos e você se sente estimulado para realizar o que deseja.

> "Procure realizar seu sonho, descobrindo aquilo que você ama tanto, que poderia fazê-lo gratuitamente. Quando descobrir o que seja, e se o fizer bem, com paixão e dedicação, o mundo reagirá de uma maneira que você jamais imaginou."
> (Tod Barnhart)

Precisamos estabelecer uma meta que nos impulsione, que tenha sentido e que nos envolva de corpo e alma. Assim, o nível de comprometimento aumenta e os resultados serão visíveis, porque estaremos motivados e tudo faremos para alcançar a meta estabelecida.

Criar quadros mentais dos objetivos que você almeja alcançar é uma preparação mental para vencer os desafios. A visualização positiva é um reforço que nos imuniza contra as forças negativas dos pessimistas e das adversidades. Quem se prepara mentalmente não deixa que o cansaço atrapalhe a caminhada em direção às metas, porque se restaura e se fortalece todos os dias com pensamentos positivos.

A META PRECISA SER PLANEJADA

São muitas as distrações que vão querer tirá-lo das suas metas. Por isso, é preciso ter objetivos claros e bem definidos. Agir sabendo o que vai fazer é ter mais foco naquilo que foi planejado. É um grande erro achar que o improviso sempre vai funcionar. Tenho visto pessoas agindo sem o mínimo de planejamento, tudo na base do improviso, com medo de estabelecer metas, porque depois de estabelecidas serão cobradas por outras pessoas ou por elas mesmas.

> "A maioria das pessoas não planeja fracassar, mas fracassa por não planejar."
> (John L. Beckley)

1) ESCREVA SUAS METAS

Ter objetivos e metas é o primeiro passo, mas para alcançá-los é necessário escrevê-los. Quando você escreve, está colocando sua visualização no papel, comprometendo-se com você mesmo. Sua memória agradece pelo exercício da escrita, porque nem sempre temos condições de recordar aquilo que não é planejado. Muitos profissionais – da secretária ao vendedor, do gerente ao diretor – cometem o erro de não planejar e, depois de algum tempo, esquecem ou fazem de conta que não era realmente aquilo o que queriam. Ou seja, caem na ilusão do "tanto faz", que é um modo de enganar a si mesmo, um autoengano.

2) SUAS METAS DEVEM SER ESPECÍFICAS

Faça um planejamento que responda às seguintes perguntas:
- O quê?
- Quando?
- Onde?
- Por quê?
- Para quê?

Conforme o caso, invente outras perguntas. "Quantos?", por exemplo, se a meta envolver quantidade. Se você for um corretor imobiliário, quantos imóveis planeja vender em seis meses, em um ano, etc. Com informações assim, mensuráveis, você poderá acompanhar seu progresso e avaliar os resultados.

3) SUAS METAS DEVEM SER REALISTAS

Colocar uma meta muita alta, quase impossível de ser realizada, pode baixar o seu nível de motivação e fazer você desistir.

4) AS METAS DEVEM SER RELEVANTES PARA SUA VIDA

Faça essas perguntas a você mesmo(a):
– Essa meta é importante para mim?
– Qual o significado disso para minha vida?
– E para as pessoas que estão comigo?

Com isso você terá as respostas certas para estabelecer corretamente sua meta e alcançá-la.

5) SEJA UM EXEMPLO DE DEDICAÇÃO

Se você é um empreendedor e quer que sua empresa tenha sucesso, precisa acordar cedo, dar exemplo e ser um líder dedicado. Deverá ser o primeiro a conquistar e manter o cliente com suas atitudes, não só com palavras. Isso significa amar o seu empreendimento e dedicar a ele boa parte do seu tempo. Muitas vezes terá que rejeitar convites e ideias que fazem você fugir do foco. Algumas pessoas acham que o dono de um negócio pode chegar a hora que quiser e sair quando bem entender. Pode até mesmo dedicar-se ao lazer o tempo todo, enquanto seu pessoal trabalha. Isso é um grande engano. Os empreendedores geralmente se sacrificam para manter o negócio funcionando com excelência. Se sua meta é fazer sucesso, o grande desafio é não dormir no ponto, estar sempre estabelecendo metas desafiadoras para você e sua equipe.

6) LEIA BASTANTE

Tenha uma meta de leitura. Já ouvi várias pessoas comentarem que o povo brasileiro não gosta de ler. Há um pouco de verdade nessa afirmação, mas é bom saber que essa realidade está mudando. Um número crescente de jovens e adultos dedica-se hoje à leitura, por força dos estudos ou pelo simples prazer de ler um livro que nos faz viajar nas histórias, pensamentos e emoções. Caso você não goste de ler, vou ajudá-lo a adquirir esse hábito, lembrando que para isso são necessários aproximadamente 21 dias. Vamos estabelecer uma meta para você: comece com um livro de poucas páginas, para começar a ficar motivado pela leitura. Leia todos os dias, inicialmente de 10 a 15 minutos. Não precisa se forçar a ler mais do que isso, se não tiver vontade. Você vai começar a ter prazer na leitura, esse tempo crescerá naturalmente e, quando você menos esperar, estará terminando de ler o livro escolhido, já com vontade de ler outro. Comece logo a ler outro livro, para não perder o hábito da leitura. Mas se não tiver entendido bem o livro que acabou de ler, leia novamente.

7) DIGA O QUE VOCÊ QUER, E NÃO O QUE NÃO QUER

É essencial você focar no que realmente quer, lembrando que sorte é foco. Tudo aquilo que está em foco tem tendência a crescer. Portanto, o foco vai direcionar sua sorte. Quando uma pessoa fica pensando no que não quer, sua mente está gerando foco no que deveria evitar, e ela acaba produzindo exatamente aquilo em suas vidas. Isso acontece quando você diz ou pensa muitas frases de forma negativa: "Não quero ficar gordo", por exemplo.

Estruture de forma positiva as suas afirmações. É simples e faz uma enorme diferença. A meta deve inspirá-lo a trazer sentimentos positivos.

8) A META É REALMENTE O QUE VOCÊ QUER?

Antes de estabelecer uma meta, veja se ela é mesmo o que você quer. O seu querer tem que vir da mente e do coração e sua meta tem que depender mais de você do que de outra pessoa. Imagine isso, por exemplo: onde você estará amanhã? Observe como é esse amanhã, as suas cores, com todos os detalhes. Crie um cenário interior imaginando seu futuro, com essa meta realizada. Memorize uma frase motivacional de impacto que você possa repetir todas as vezes em que sentir necessidade. Assim você vai sempre lembrar que existe um objetivo a ser cumprido em determinado dia.

9) VOCÊ PODE MESMO ALCANÇAR A SUA META?

Certifique-se de que sua meta esteja formulada de uma maneira que você mesmo possa alcançá-la, sem depender muito do que as outras pessoas façam. Se suas metas exigem que outras pessoas mudem, mesmo que essas mudanças sejam boas, isso significa que você não será capaz de ter o que quer se não conseguir que os outros mudem. Embora todos nós queiramos coisas dos outros e para os outros, é importante formular nossas metas de modo que sejamos capazes de alcançá-la. Não importa o que as outras pessoas façam, sua meta depende mais de você e menos dos outros.

10) DIVIDA A META EM PEQUENAS PARTES

Quando você tem uma meta grande, é necessário dividi-la em partes. Fica mais fácil de alcançar quando você faz um planejamento mapeando suas metas por prioridade, ou seja, com metas diárias, semanais, mensais ou até anuais. Essa divisão favorece o seu monitoramento.

Se você é professor(a), por exemplo, e tem que cumprir o calendário escolar com o conteúdo proposto, dividir o conteúdo em metas pequenas é uma ótima opção. A cada dia, elimine os itens que foram transmitidos aos alunos e aproveite para sondar se a sua didática de ensino está favorecendo o aprendizado, porque conteúdo bom é conteúdo que se aprende. Não adianta encher os alunos de informações que não serão aplicadas. Siga a meta da escola, mas, acima de tudo, trace sua meta de aplicação de conteúdo e de aprendizado dos alunos. Faça avaliações frequentes para o ver o nível de conteúdo retido pelos alunos. Eu, particularmente, reconheço que os verdadeiros heróis do dia a dia são os professores que, mesmo com precárias condições e péssimos salários, todos os dias dão o máximo de si.

11) O QUE VOCÊ FARÁ PARA ALCANÇAR A SUA META?
Decida a sua estratégia, especificando datas e horários para isso. Liste as atividades que devem ser feitas por você e faça com que tudo seja desempenhado da melhor forma possível.

12) AVALIE AS SUAS METAS
O que já foi feito? O que falta fazer? As etapas estão sendo cumpridas? Faça todas as semanas uma avaliação com perguntas desse tipo e responda com toda sinceridade, e jamais se desespere se elas não estão sendo alcançadas. Lembre-se de saudar a sua meta todos os dias com uma salva de palmas. Invista nas suas habilidades necessárias para vencer. Se você não acredita na sua meta, ninguém acreditará por você.

Questione-se sobre o modo como você está trabalhando para que seu objetivo seja alcançado.

– Estou no caminho certo?
– Estou obtendo resultados?
– Existe alguma coisa que precisa ser modificada ou melhorada?

Esse acompanhamento é necessário para que você consiga manter o foco e a motivação.

Será que isso tudo é necessário para uma simples meta? Sim, é necessário. Lembre-se: no mundo existem muitas armadilhas que podem tirar você do trilho. Por exemplo, se você quer passar no vestibular para Medicina – um dos mais disputados do Brasil – você precisa estudar muito. Precisa de dedicação total, comprometimento e muito foco com os estudos. Isso significa recusar convites para baladas e dispensar aquele churrasco no sábado à tarde entre amigos ou em família. Se você tiver a meta fortemente estabelecida, se ela tiver um significado pessoal realmente importante para você, você não vai abrir mão do que precisa fazer para conquistá-la.

Tire as pedras do caminho
Primeiro, tenha consciência de que toda adversidade pode ser superada de alguma forma. Ao superar uma adversidade, você se fortalece.

Acompanhei uma pessoa que tinha a meta de emagrecer trinta quilos, por ter vários problemas em virtude do excesso de peso. O maior problema era a autoestima, a vergonha de sair de casa e de se relacionar com as pessoas, mas a força de vontade era grande. Acompanhei-a até ela criar coragem e resolver mudar de vida, e foi que aconteceu. Estabeleceu metas para emagrecer, e com muita disciplina, foco e determinação conseguiu emagrecer em quatro meses os trinta quilos, ou seja, a meta veio do coração.

O exemplo citado anteriormente é inspirador. Mas também tenho visto pessoas querendo emagrecer sem fazer sacrifício, sem estabelecer metas pessoais. Se você precisa emagrecer por algum motivo, seja por estética ou saúde, coloque isso como meta. Escreva o seu peso atual e o peso desejado, marque uma data para alcançar, tenha disciplina para não cair na tentação de comer mais do que pode, principalmente nos finais de semanas, e se tiver condições financeiras, procure um especialista na área da nutrição. Os nutricionistas afirmam que o segredo para emagrecer com saúde está na alimentação (70%) e na atividade física (30%). Além de fazer refeições saudáveis e na quantidade certa, é importante caminhar e/ou frequentar uma boa academia, ao menos três vezes na semana. Movimente-se, respire. Se parar, morre.

Quando a meta tem um sentido forte para você, as adversidades que aparecem não conseguem derrubá-lo.

Leia com atenção esses versos do poeta Antônio Pereira:

> A Pedra
> O distraído nela tropeçou...
> O bruto a usou como projétil.
> O empreendedor, usando-a, construiu.
> O camponês, cansado da lida, dela fez assento.
> Para meninos, foi brinquedo.
> Drummond a poetizou.
> Davi matou Golias, e Michelangelo extraiu-lhe a mais bela escultura.
> E em todos esses casos, a diferença não esteve na pedra, mas no homem!

As "pedras no caminho" podem ser aproveitadas para o nosso próprio crescimento. Não importa o tamanho que elas têm. Quais área(s) da sua vida você quer mudar? Profissional? Familiar? Financeira? Física? Espiritual? Para cada área pode ser traçada uma meta.

QUANDO A META TEM UM SENTIDO FORTE PARA VOCÊ, AS ADVERSIDADES QUE APARECEM NÃO CONSEGUEM DERRUBÁ-LO.

O PODER DA COMUNICAÇÃO

"O homem que não sabe expressar seus pensamentos está no mesmo nível daquele que não sabe pensar."

(Benjamin Franklin)

Começamos a desenvolver a comunicação ainda quando crianças, a partir dos nossos primeiros gestos e sons, antes mesmo das nossas primeiras palavras. Desde que chora, no momento do parto, o recém-nascido já mostra a todos da família que chegou e está se comunicando. Apresenta-se ao mundo. Quando uma criança pequena manifesta pelo choro alguma necessidade, ela está se comunicando através de uma linguagem que na maioria das vezes só os pais entendem, mas que já é o começo de um processo que precisará de orientação ao longo da vida, para se desenvolver.

O processo da comunicação não tem fim. Quanto mais vivemos e aprendemos, mais necessitamos desta ferramenta. Quanto mais experiente você for na arte de se comunicar, mais você saberá que é importante aprender e evoluir sempre. À medida que o profissional avança na carreira, é maior a exigência de qualidade em sua comunicação, porque a sua responsabilidade junto ao público e a repercussão de tudo o que ele diz também são muito maiores.

Em plena Era da Informação, ele precisa comunicar-se bem para ter sucesso ao apresentar suas ideias, seus projetos, suas propostas, ao participar de reuniões e conduzir negociações de todo tipo. Deve dominar as técnicas de linguagem corporal, escrever corretamente e utilizar com máxima eficácia os novos recursos de comunicação disponíveis, como as redes sociais.

Transmitir as ideias de forma clara e objetiva, envolver as pessoas com empatia e credibilidade, ser persuasivo, organizar a fala e externá-la com começo, meio e fim – todos esses atributos da boa comunicação tornaram-se importantíssimos para os profissionais. Um dos maiores desafios do profissional de hoje, além da competência e da constante atualização, é ser um bom comunicador. Quanto maior a sua clientela e a sua equipe, mais você terá que fazer bom uso da sua comunicação para liderar com resultados.

> "Somente são promovidos para maiores responsabilidades nas empresas os indivíduos que possuem qualificação para comunicar claramente suas ideias, pensamentos e planos para os demais, de forma oral e escrita." (Revista Business Week, 1983)

Como vimos no início deste capítulo, quanto mais você evolui profissionalmente, mais o mercado exige que você tenha uma comunicação eficiente, clara e precisa. Assim, nesse texto, passo dicas essenciais para você melhorar sua comunicação. Em consequência, os seus resultados vão melhorar consideravelmente. Dizer que é fácil ser um comunicador é uma coisa, agora ser um bom comunicador é outra, essas dicas são valiosas, fruto de aproximadamente dez anos de experiência de trabalho com comunicação, ministrando palestras e treinamentos em diversas organizações.

FAÇA DO MEDO UM BOM ALIADO.

Você tem medo de falar em público?

Não se preocupe: esse tipo de medo é o mais comum entre os temores das pessoas em geral. Observe, na tabela abaixo, o resultado de uma pesquisa realizada nos Estados Unidos.

- ➢ 14% têm medo da solidão;
- ➢ 18% têm medo de voar;
- ➢ 19% têm medo da morte;
- ➢ 22% têm medo de insetos;
- ➢ 32% têm medo de altura;
- ➢ 43% têm medo de falar em público.

Tenho visto diversos profissionais que tecnicamente são excelentes, mas têm enorme dificuldade ao se comunicarem. Até mesmo os grandes oradores confessam que sentem medo antes de uma palestra. Se isso ocorre com você, agora sabe que esse problema não é só seu e que não é o caso de se considerar inferior por causa disso. Mas saiba também que é necessário vencer urgentemente esse medo, pois ele faz muitos profissionais estagnarem em suas carreiras.

O importante é você transformar o medo em seu aliado. Como assim?

É simples. Vamos ver isso, passo a passo:

1 – Já que sente medo, você vai se preparar muito bem, estudando o tema e treinando bastante a sua fala.

2 – Enquanto ensaia, sozinho em casa ou no trabalho, observe sua *performance* e perceba seus pontos fortes. Você verá que está indo bem.

3 – Antes e depois de cada ensaio, lembre-se das suas vitórias, rememore os momentos difíceis que você superou, os elogios que você recebeu, os bons trabalhos que executou, os planos que criou e conseguiu realizar, as boas iniciativas que tomou, as apresentações em que você se saiu bem diante do público.

4 – Estas boas lembranças e o progresso no treinamento vão elevar sua autoestima.

EXERCITE O DOM DE SE COMUNICAR

Quando você é um estudante, uma boa oportunidade para desenvolver sua capacidade de falar em público é a apresentação de trabalhos escolares na frente da turma. Os professores usam muito essa metodologia, com o objetivo de fazer com que o aluno pratique ainda em sala de aula. Mas se você já se formou e ainda tem dificuldade nesse campo, existem outras maneiras para se desenvolver:

➢ Dirigir reuniões ou participar delas;
➢ Expor produtos e serviços;
➢ Proferir palestras e conferências;
➢ Ministrar aulas e treinamentos;
➢ Recepcionar e apresentar oradores;
➢ Prestar agradecimentos e homenagens;
➢ Fazer entrevista em rádios e televisão.

"A prática leva à perfeição". Conhece esse ditado?
Então, coloque-o em ação. São inúmeras as oportunidades que surgem. O grande desafio é você abraçá-las, ou então será preciso criá-las. O importante é não ficar parado.

"Se você dispensa as oportunidades de falar em público porque acha que não sabe fazer isso, não vai desenvolver nunca essa habilidade. Mesmo que sofra um pouquinho no começo, tem que exercitar." (Reinaldo Polito)

Outra dica importante que tenho dado muito em meus treinamentos é a importância da leitura para o enriquecimento dos seus argumentos e, principalmente, do seu vocabulário. Quanto mais você lê, mais você aprende. Se tiver dúvida, consulte um dicionário ou pesquise na internet. Além disso, amplie seus conhecimentos conversando com pessoas de diversas áreas da empresa, como também de outras profissões e de culturas diferentes.

Em todos os departamentos de uma organização, em todos os momentos da vida, é necessário que as pessoas se comuniquem. E o treinamento é contínuo, não tem fim, porque precisamos nos atualizar incessantemente.

A COMUNICAÇÃO E O VENDEDOR!

Imagine um vendedor que não sabe se comunicar, não conhece os produtos que vende, não tem um bom vocabulário e nem sabe abordar o cliente. Um atendimento desse nível seria trágico.

Um vendedor com este perfil acaba com a imagem da empresa, perde clientes e ainda traz prejuízo financeiro. Toda venda é uma oportunidade para você fazer uma apresentação e persuadir seu cliente a comprar. Portanto, faça o seu melhor, melhore sempre e desenvolva essa importante ferramenta de vendas, que é a comunicação.

A LINGUAGEM CORPORAL E O TOM DE VOZ TÊM MAIS PESO DO QUE A LINGUAGEM VERBAL PARA O RESULTADO DA COMUNICAÇÃO.

VEJA ESTES PERCENTUAIS:

➢ Linguagem corporal: **55%**
➢ Tom de voz: **38%**
➢ Palavras: **7%**

Claro que esses percentuais podem variar dependendo da situação, mas, sem dúvida, não é apenas o que dizemos, mas o modo como dizemos que faz a diferença. Por isso, preste atenção também à sua linguagem corporal, pois ela é essencial no processo de convencimento. Se você é vendedor, atendente, secretária, recepcionista, motorista, médico, advogado, administrador, contador, enfermeiro, engenheiro... seja qual for a sua profissão, é necessário aprimorar sua habilidade de se comunicar. É claro que algumas profissões dependem mais da comunicação do que outras, principalmente se você tem o papel de um líder. Quanto mais gente você liderar, mas eficiente precisa ser a sua comunicação.

TREINAR É MAIS IMPORTANTE DO QUE VENCER

A frase anterior não quer dizer que a vitória não é importante. Mas ela é consequência de um profissional bem preparado. Caso você necessite apresentar-se em sua empresa ou comunidade, passo algumas dicas extraídas do livro *Apresentações eletrizantes*, da Harvard Business School:

- Entenda que os ouvintes querem seu sucesso;
- Acredite que sabe mais do que o público sobre o tema de sua palestra;
- Familiarize-se com o local. Conheça seu público e estude-o, antes de falar;
- Escolha tópicos que você conheça bem;
- Prepare sua mensagem. Na verdade, prepare-a muito;
- Imagine perguntas que poderão ser feitas;
- Memorize o primeiro e o último minuto da apresentação;
- Mantenha o foco no público, e não em você;
- Nunca diga ao público que está nervoso(a);
- Atribua uma conotação positiva aos sintomas físicos (se as mãos suam e o coração dispara, por exemplo, em vez de pensar "Estou apavorado", pense: "Estou entusiasmado");

- Fale positivamente consigo mesmo sobre a apresentação;
- Seja flexível durante a apresentação;
- Entenda que nenhuma apresentação é tão importante;
- Lembre-se que você não é um bom juiz de seu nervosismo;
- Acredite nos elogios à sua apresentação.

Essas dicas são valiosas para todos os que querem vencer o medo de falar em público. Em alguns aspectos da comunicação, também há o envolvimento das relações interpessoais dentro e fora da empresa. O fato de ter relacionamentos sadios vai somar positivamente na sua comunicação.

FIQUE ATENTO A ESTAS SUGESTÕES:

- Seja sempre cordial com os colegas;
- Se tiver dúvida em relação a qualquer assunto da empresa, pergunte ao chefe ou a um colega que conheça o assunto;
- Não comente sobre sua vida íntima com os colegas;
- Ter um ou dois amigos no trabalho não significa expor a vida particular a todos;
- Seja discreto. Não se intrometa em conversa dos outros;
- Ouça mais e fale menos;
- Analise todos os aspectos de uma situação antes de transmitir a informação ouvida no corredor;
- Sempre que ouvir uma fofoca, tente diagnosticar de onde veio, de quem, como e por que chegou até você;
- É bom saber o motivo da fofoca. Não seja ingênuo. Amanhã o alvo pode ser você;
- Participe das festas da empresa, mas mantenha a discrição.

ATENÇÃO! ERROS QUE DEVEMOS EVITAR:

- ✓ SER O DONO DA VERDADE;
- ✓ NÃO OUVIR ATENTAMENTE O OUTRO;
- ✓ DESCONHECER AS PARTICULARIDADES DOS OUVINTES;
- ✓ SER CHATO;
- ✓ SUBESTIMAR A INTELIGÊNCIA DAS OUTRAS PESSOAS;

- ✓ **USAR TERMOS TÉCNICOS DESCONHECIDOS;**
- ✓ **GESTICULAR DEMAIS;**
- ✓ **FALAR IGUAL UM ROBÔ;**
- ✓ **TOCAR FISICAMENTE O OUTRO COM FREQUÊNCIA;**
- ✓ **TER ATITUDES PRECONCEITUOSAS;**
- ✓ **CRITICAR CRUELMENTE;**
- ✓ **FALAR COM GROSSERIA, AGRESSIVIDADE OU ARROGÂNCIA;**
- ✓ **MOSTRAR SUPERIORIDADE;**
- ✓ **ENVENENAR O AMBIENTE COM MAU HUMOR;**
- ✓ **FAZER GOZAÇÕES E BRINCADEIRAS DE MAU GOSTO.**

Todas essas dicas são valiosas, mas só terão utilidade se forem colocadas em prática, não só uma vez, mas todas as vezes que você falar em público. Manter o bom relacionamento é algo imprescindível para o orador, nunca esqueça que você tem que acreditar no que está defendendo. Conquiste o público nos primeiros quinze minutos da sua apresentação, mostrando os benefícios que sua mensagem vai proporcionar.

Eu sempre conto uma história no início da apresentação. Você também pode fazer isso para provocar uma reflexão que leve os ouvintes a se interessarem pelo tema, além de usar frases ou informações que produzam impacto. Mas tome cuidado com piadas, principalmente se forem de dupla conotação, porque podem arranhar sua imagem como orador.

PERGUNTAS PARA REFLEXÃO:

Você se considera um bom comunicador?
O que você pode fazer para começar a se comunicar melhor?
Você tem um bom vocabulário?
O que você vai fazer para enriquecer o seu vocabulário?

Marque todas as dicas que você achou importante e coloque em prática de imediato:

VOCÊ É UM PROFISSIONAL MOTIVADO?

A motivação é essencial para o nosso crescimento, desenvolvimento e evolução na vida.

Durante nossa passagem aqui na Terra somos bombardeados de estímulos negativos. Diariamente somos desafiados a não parar no tempo por causa de pessoas, fatos e situações que tentam nos desencorajar. Na maioria das vezes, isso acontece por que estamos rodeados de pessoas que não compartilham dos mesmos princípios e valores que os nossos.

Veja bem, se somos frutos do meio, imagine você convivendo com pessoas negativas e sem perspectiva de crescimento. Já observou que tem pessoas que param no tempo? Que usam com frequência a expressão "Eu quero é me aposentar". Cuidado! Esse meio pode engessar você. Seja um amigo ou um parente, não escute essa pessoa por muito tempo.

"Toda ação, seja em casa ou no trabalho, vai necessitar de motivação. Quanto mais energia você injetar em uma atividade, ideia ou projeto, maiores serão as chances de darem certo."

As nossas metas e objetivos requerem atitudes direcionadas com foco. Se você não tem motivação, como irá buscá-los? Temos que conviver com pessoas que nos estimulam a não parar no tempo, pessoas motivadas, pessoas que estudam com frequência, pessoas que estão desenvolvendo novas habilidades, pessoas que estão falando de ideias e projetos, pessoas que estão se exercitando, pessoas que estão viajando em busca de conhecimento, pessoas que estão empreendendo, pessoas que estão sempre em movimento.

Vamos analisar a expressão anteriormente citada por algumas pessoas: "Eu quero é me aposentar". Quando uma pessoa fala isso é porque está cansada, estressada ou por que está seguindo uma rotina pesada e sem folga. Já observou que existem pessoas que estão com dez anos que não tiram férias, não viajam, não aprendem coisas novas? Geralmente são essas pessoas que usam essa expressão. No entanto, já ouvi pessoas jovens de 19 a 35 anos, falando de se aposentar. Parece hilário, até uma brincadeira, mas é verdade!

Quando estiver cansado, minha sugestão é: descanse, mas não desista. O significado da palavra aposentar é: isentar-se, abandonar, deixar o cargo ou serviço. Veja bem, isso pode acontecer um dia com você. Depende de vários fatores, a idade é um deles, mas mesmo com a idade avançando com o tempo, nem os especialistas sugerem que a pessoa deve ficar parada estimulando a ociosidade.

QUANDO VOCÊ FOR APOSENTAR ALGO, QUE SEJA SUA FALTA DE INICIATIVA E DE CORAGEM!

Ainda falando sobre a expressão citada anteriormente, quando você tem um objetivo, e vê que esse objetivo não tem mais utilidade, você o guarda em um local isolado, pensando um dia que poderá utilizá-lo. Ou seja, só aposentamos as coisas de que não precisamos mais, que não têm mais utilidade, ou sua serventia é rara, em termo de uso ou benefícios. Fazendo uma analogia, sempre que utilizamos um equipamento ou um objeto com frequência, guardamos próximo a nós, em um local de fácil acesso ou visibilidade. Portanto, não deixe o cansaço, a fadiga e o estresse fazer você pensar em se aposentar, principalmente se você estiver em uma idade altamente produtiva.

Tenho estudado muito a mente e o corpo humano. O que cientistas, médicos e especialistas estão falando atualmente é que precisamos estar em movimento. Mesmo que um dia você diminua sua carga de trabalho, estudo, compromissos e obrigações, você não pode parar totalmente. Nossa mente e nosso corpo precisam de estímulos e de motivação. Lógico que cada fase da vida precisa da sua coerência funcional, ou seja, se você é jovem precisa se movimentar mais que uma pessoa com a idade avançada. No entanto, eu não aconselharia uma pessoa parar de se movimentar por causa da idade. Para seu cérebro e seu corpo funcionarem com perfeição, busque novos estímulos, novas conexões, exercícios mentais e físicos que estimulem seu fortalecimento.

QUANDO VOCÊ FOR
APOSENTAR ALGO, QUE SEJA
SUA FALTA DE INICIATIVA
E DE CORAGEM!

Até para manter-se motivado é preciso que você esteja idealizando seus sonhos e concretizando suas metas pessoais e profissionais. O profissional motivado busca desenvolver várias ações que o estimule a não ficar parado, uma delas é o aprendizado constante. Quando falamos de crescimento pessoal ou profissional, não podemos esquecer que nossa evolução acontece em todas as fases da vida. Portanto, esteja sempre rodeado de pessoas que estimulem esse crescimento, que o motive a estar aprendendo, evoluindo e crescendo.

TRABALHO É REALIZAÇÃO PESSOAL

Já viu que há pessoas que vão para o trabalho com sentimento de frustração? Elas não produzem bem e ainda ocupam um lugar que poderia ser de outra pessoa que realmente gostaria de estar ali. Tenho observado que os profissionais que não se realizam no trabalho sofrem muito. No primeiro momento, ao acordar, já vem à mente a seguinte expressão: "Poxa, já tenho que ir trabalhar novamente" ou "Aquele meu trabalho é um castigo". Quando a pessoa tem essa visão, o fracasso é inevitável.

Há profissionais que já saem de casa com sentimento de frustração, assim que o cliente chega com uma objeção, ele já desiste. Passamos as melhores horas da nossa vida no trabalho. São as oito horas mais produtivas que vivemos, portanto, imagine como é trabalhar em uma empresa na qual você não se sinta realizado. Seu humor e, principalmente, sua felicidade, serão comprometidos, e, em alguns casos, até sua saúde física e mental podem ser comprometidas.

Quando um profissional gosta do que faz e se realiza na empresa em que trabalha, ele acorda com sentimento de missão a ser cumprida, sabendo que naquele local ele vai se realizar, vai florescer e prosperar. A visão estratégica desse profissional é de crescimento, ele estuda com frequência o mercado, os clientes e os produtos ofertados por ele. No intuito de sempre surpreender a quem ele está atendendo.

Quando estamos na sintonia, o dia passa rápido e conseguimos fazer os nossos clientes felizes. Minha sugestão é simples: quando você for para o trabalho, arrume-se como se fosse para uma festa, vista-se bem, perfume-se e saia, se possível, cantando. Quando você faz isso, seu dia começa bem, sua autoestima se eleva e você consegue florescer atendendo seus clientes.

Você sabia que sua motivação está ligada diretamente àquilo que você faz? Somos movidos pelos nossos sonhos e metas, e é no trabalho que produzimos os meios para conseguir realizar nossos sonhos. Quando você está com um propósito bem definido, isso o leva em direção à realização dos seus objetivos.

MAS COM ESSA VISÃO, SALOMÃO RIBEIRO, VOU ACORDAR TODOS OS DIAS MOTIVADO?

Certamente que não. Nossa motivação é cíclica, haverá dias que você acordará gritando de alegria, entusiasmado e vibrando com a oportunidade de ter um novo dia, mas haverá dias em que você acordará meio pra baixo, sem motivação e, em alguns casos, até muito cansado. Mesmo assim, levante e leia seu propósito de vida, relembre suas metas e mentalize seus sonhos já realizados.

Quando você fizer isso, sua motivação vai se restaurar, independentemente do dia que você viveu ontem. Lembre-se que o ontem já passou, precisamos focar no presente para construir um futuro. Porque muitas pessoas vivem desmotivadas? Algumas delas focam no passado, no que não viveram, no que não deu certo, nos desencontros que tiveram em casa ou no trabalho.

O que passou já não move sua vida. O que passou, já é passado. É sempre bom lembrar que não temos a capacidade de mudar o passado, por isso, a melhor alternativa é esquecer e seguir em frente. Quando eu falo isso nos cursos e treinamentos, estou ciente de que alguns profissionais não evoluíram porque se apegaram ao passado. Alguns dizem até que as coisas no passado eram mais fáceis, não tinham redes sociais, os clientes não eram tão exigentes, não se necessitava de tanta qualificação profissional, e que o mercado não tinha tantos concorrentes disputando os mesmos clientes.

Posso ser sincero com você? As coisas não voltam como eram antes, tudo muda, o mercado está em movimento, os clientes estão mudando, e as empresas, para se tornarem mais competitivas, fazem de tudo para atrair e conquistar novos clientes, por isso, o mercado está em alta rotação, principalmente nesta época de alta tecnologia.

> "A vida é um constante recomeço. Não se dê por derrotado e siga adiante. As pedras que hoje atrapalham a sua caminhada amanhã enfeitarão a sua estrada." **(Autor desconhecido)**

Aos muitos profissionais que amanhecem reclamando das adversidades, dou uma sugestão valiosa: se você tem desafios a serem superados, não reclame, agradeça e prove a sua força. Lembre-se, Deus nunca lhe dará um fardo maior que sua força, ou um peso maior que sua capacidade de carregar.

O DIFERENCIAL DE UM PROFISSIONAL MOTIVADO

Já observou que um profissional motivado entrega com qualidade seus produtos ou serviços? Se não observou, sugiro que preste mais atenção neles.

Veja a rotina de um profissional motivado, ele atende com maestria e quando aparece um problema ele não se desespera, ele pensa, mentaliza uma estratégia e busca a melhor solução. Conheço profissionais que batem metas, muitas vezes até as superam, mas eles têm dificuldades, assim como os outros.

Algumas vezes aparecem até mais adversidades para o profissional motivado. Sabe por quê? Ele sempre está em movimento, buscando vender algo ou buscando soluções plausíveis para melhorar os resultados na empresa em que trabalha. Esse profissional acaba se tornando uma referência na sua profissão.

Essas pessoas criam uma marca profissional referenciada. Em algumas lojas, alguns clientes já se direcionam para o vendedor específico, aqueles que conseguiram fidelizar esses clientes. Como? Certamente, eles encantam no atendimento, estão sempre motivados e sorrindo, muitos agradecendo pela oportunidade de encantar os clientes com um atendimento diferenciado.

PARA TURBINAR SUA MOTIVAÇÃO:

- Ao levantar da cama, saiba que hoje é um novo dia;
- Saiba que você nunca vai se aposentar totalmente, vai viver a vida florescendo. Lembre-se que pode até diminuir a rotina de trabalho, mas não pode parar;

"A VIDA É UM CONSTANTE RECOMEÇO. NÃO SE DÊ POR DERROTADO E SIGA ADIANTE. AS PEDRAS QUE HOJE ATRAPALHAM A SUA CAMINHADA AMANHÃ ENFEITARÃO A SUA ESTRADA."
AUTOR DESCONHECIDO

- Lembre-se, seu trabalho é uma fonte de alegria e de prazer, e não um castigo;
- Faça coisas diferentes, em sua casa ou na sua empresa, busque na medida do possível sair da rotina;
- Sonhos e metas são verdadeiras fontes de motivação, fortaleça-os;
- Não reclame de uma coisa que deu errado, solucione e siga em frente;
- Caso uma ideia ou projeto não saia como você quer, não se desespere, nem sempre as coisas acontecem como queremos;
- Direcione suas ações para a concretização dos seus sonhos;
- Saiba que os desafios movem a nossa vida. Uma frase que utilizo sempre é de autoria do filósofo Sócrates: "Uma vida sem desafios não vale a pena ser vivida". Portanto, faça valer a pena. Supere-se!

Perguntas poderosas para você pensar e refletir:

Você se considera uma pessoa ativa e motivada?
Você está conectada com seus sonhos e projetos?
O que você poderia fazer para melhorar sua motivação diária?
O que você pretende fazer para fortalecer seu propósito?
Quais são as atividades que fazem você levantar da cama com alegria e prazer? O que fazer para fortalecê-las?

Para finalizar este capítulo, quero compartilhar com você, caro amigo leitor, um dos segredos dos campeões. Não leia somente uma vez, sugiro ler até se motivar e se colocar em ação.

SEGREDOS DOS CAMPEÕES!

Um dos grandes segredos dos campeões é se manter motivado, eles não aceitam o fracasso como resultado final. Se fracassarem, eles não desistem, às vezes mudam de rota. Por isso, saiba que nem todos os dias você acordará motivado. Nos dias que você não estiver emocionalmente bem, busque mudar seu estado emocional, não vale a pena cultivar emoções negativas. Outro detalhe importante, sentimentos negativos são bloqueadores da nossa motivação.

Quando acontecer fatos negativos em sua vida, tente não se desesperar, nada melhor que um dia após o outro. Deus sempre apresenta uma boa solução para os problemas difíceis.

ATITUDES POSITIVAS PARA ALCANÇAR SEU OBJETIVO, FORTALECER SUA AUTOESTIMA E AUMENTAR A SUA MOTIVAÇÃO

SEJA FORTE COMO UM GIGANTE

Antes de tudo, acredite em si mesmo. Para desenvolver um bom trabalho e atingir metas, você precisará ter compreensão e clareza sobre a sua capacidade de realização. Acredite em você.

TENHA SONHOS

O que mantém uma pessoa motivada são seus sonhos. Eles são o combustível para a busca dos objetivos. Reflita sobre sua vida e observe se os seus sonhos estão em primeiro plano e se você está lutando por eles.

NÃO DESISTA DE LUTAR

Por mais que a batalha seja árdua, não fuja dos desafios. Portanto, supere o medo e as incertezas. Para conseguir ultrapassar barreiras, o conhecimento e a preparação são essenciais na conclusão das grandes etapas de seus projetos. Sendo assim, arrisque e esteja sempre consciente da sua competência.

APRENDA COM OS ERROS

Os erros tornam o indivíduo mais experiente e atento com relação a novas situações, fazendo com que essa experiência se converta em aprendizado. Portanto, não se bloqueie diante de uma falha, mantenha o foco e siga em frente.

REALIZE ATIVIDADES QUE O FAÇAM FELIZ

A melhor maneira de driblar a falta de motivação é fazer coisas que proporcionem bem-estar. Faça uma lista de atividades que você gostaria de realizar e comece a praticá-las. Você vai perceber que, aos poucos, se sentirá mais motivado e determinado a realizar todas as suas tarefas com o mesmo ânimo e excelência.

ESTABELEÇA METAS

Pensar positivo e sentir-se bem são impulsionadores para que a motivação esteja presente. Mas é preciso colocar em prática tais emoções. Para que isso seja possível, relacione suas prioridades, bem como as tarefas e os respectivos prazos. Não se esqueça de programá-los em um sistema de passos, para que você perceba a evolução a cada tarefa cumprida. Assim, será mais fácil visualizar tudo que precisa ser feito.

RECLAMAÇÕES SÓ BLOQUEIAM SUA MOTIVAÇÃO

Reclamar da situação não vai resolver o problema. O primeiro passo para a solução é optar pela mudança de comportamento, analisando o que está errado e quais são as alternativas para solucionar a questão. Externar as dificuldades só atrasará você na reversão desse quadro.

REFLITA

Reserve tempo para refletir sobre atitudes, conquistas e fracassos. Essa análise é crucial para que você possa constatar se os seus objetivos estão alinhados com as suas ações, de forma que você possa redirecionar seus esforços para o que realmente almeja.

DESENVOLVA SEU TALENTO

Você tem talento, então desenvolva, aproveite o tempo para crescer, aprender e desenvolver-se. Quanto mais você alimentar seu talento, mais valorizado será na vida e no trabalho.

COMEMORE AS CONQUISTAS

É importante ter a consciência dos resultados obtidos. Assim sendo, celebre suas vitórias. Permita-se comemorar com alegria a sensação de dever cumprido e as metas alcançadas.

"A adversidade desperta em nós capacidades que, em circunstâncias favoráveis, teriam ficado adormecidas."
(Horácio)

A FORÇA DO ENTUSIASMO PARA ALCANÇAR SUAS METAS

"O entusiasmo é a maior força da alma. Observa-o e nunca te faltará poder para conseguires o que desejas."

(Napoleon Hill)

A palavra entusiasmo surgiu na Grécia antiga e significava, originalmente, **"ter Deus dentro de si"**. A pessoa entusiasmada, energizada pela força divina, tem o poder de transformar a natureza e fazer as coisas acontecerem. O que os antigos gregos perceberam é uma realidade: há uma força especial, que nos arrebata em certos momentos e nos impele a criar ou a agir com mais ardor, dedicação fervorosa, vigor e paixão. É quando sentimos uma grande satisfação e uma alegria intensa, viva, diante de um trabalho, um projeto, uma oportunidade, uma ideia, uma criação artística ou um acontecimento.

O entusiasmo é a força propulsora que torna possível a uma pessoa dar continuidade na batalha do dia a dia. É como um combustível do nosso ânimo. Algumas pessoas se veem envolvidas por tantos problemas que acreditam não ter tempo de se entusiasmarem. Entendo isso por um ponto de vista diferente: as pessoas entusiasmadas, mesmo tendo problemas, conseguem reacender essa chama todos os dias em seus corações.

Não podemos esperar que as condições de vida estejam ideais para que a chama do entusiasmo se acenda em nossos corações.

Nós não somos filhos de Deus? O entusiasmo não é ter Deus dentro de nós? Então o entusiasmo já faz parte do nosso DNA! Ele existe em cada um de nós. Às vezes encontra-se adormecido, mas podemos despertá-lo.

FOGO DE PALHA

Sabe como é o fogo de palha? Pega com facilidade, a chama vem rápida, chega a crepitar, porém acaba em pouco tempo. Há pessoas que são assim. Começam uma atividade com todo entusiasmo, mas aquele fogo logo se apaga.

Um amigo, por exemplo, que começou a praticar exercícios físicos. Escolheu a melhor academia, pagou adiantado, comprou calções, camisetas, um bom par de tênis, e todos os dias, após o trabalho, ia malhar, bastante empolgado.

Três semanas, num encontro casual, perguntei a ele:

– **Como vai a malhação?**

– **Ah, essa semana está difícil, muito trabalho, tive que faltar, mas semana que vem eu volto.**

Duas semanas depois, novamente o encontrei na hora em que ele costumava malhar. Perguntei-lhe novamente como estava na academia.

– **Ah, desisti. Não estava dando pra ir.**

Quando não temos tempo para alguma coisa, é sinal de que aquilo não é uma prioridade para nós. Quando é prioritário, a gente dá um jeito. Não foi o caso desse meu amigo. Infelizmente acontece a mesma coisa com pessoas que começam um curso de inglês, ou mesmo um curso universitário e até a leitura de um simples livro. Um outro amigo conversou animadamente comigo sobre um livro que estava começando a ler, de um ótimo autor, até que, duas semanas depois, perguntei a ele como estava indo a leitura. Só pelo olhar já entendi a resposta, nem precisava ele ter dito:

– **Aquele livro? Parei de ler, cansei e não li mais...**

Se, pelo menos, tivesse trocado o livro por outro tão bom quanto aquele, ou até melhor, tudo bem. Mas tudo indica que ele prefere mesmo é ficar vendo TV até pegar no sono, em vez de aprender coisas novas.

O meu amigo **Prof. Gretz**, palestrante consagrado e autor de excelentes livros, tem uma expressão interessante para explicar esse fenômeno das pessoas que desanimam depois de se mostrarem entusiasmadas. Diz ele que **"o ser humano é como uma brasa, que quando se afasta do fogo vira carvão e quando volta ao fogo do conhecimento volta a brilhar como brasa"**. Ele observa que, a cada novo dia, temos a oportunidade de renovar as energias. Depende principalmente de nós mesmos.

"Quem se entusiasma torna-se, antes de tudo, um líder de si próprio. Deixa de ser passivo ou submisso e passa a ser ativo, empreendedor, autoconfiante e ousado."

"A chama criadora do entusiasmo é como um raio de sol, que ilumina a todos. Basta deixar que ela entre em seu coração."

Se você teve a chance de começar uma atividade, seja uma academia, caminhada, cursinho, faculdade, leitura de um livro, emprego, empreendimento novo, dê continuidade a ela. Não pare pela metade o seu projeto. Tenha forças para desenvolvê-lo e concluí-lo com sucesso.

> Mesmo enfrentando o mar agitado por tempestades e grandes ondas, o marinheiro não deixa de navegar.

Quando você perceber que está em meio a uma dessas tempestades do dia a dia, faça como um marinheiro experiente e bem preparado. Leve o barco devagar, redobre sua atenção, mas não desista.

Mesmo que algumas pessoas o desestimulem, mesmo que não consigam entender de onde vem esse entusiasmo que resiste aos problemas que você tem, saiba que essa força vem de Deus e está pulsando dentro do seu coração.

O apóstolo Paulo também enfrentou adversidades de todo tipo, inclusive tempestades e naufrágios. Apesar disso, as mensagens que ele escrevia para os seguidores da fé cristã sempre foram positivas, de grande entusiasmo pelo que é justo, bom e amoroso. Veja esta frase dele:

"Tudo o que é verdadeiro, tudo o que é justo, tudo o que é puro, tudo o que é amável, tudo o que é de boa fama, se alguma virtude há e se algum louvor existe, seja isso o que ocupe o vosso pensamento."

Não deixe a chama do entusiasmo se apagar. Sentimentos negativos como o medo, o rancor, o pessimismo e a autopiedade podem bloquear nossa capacidade de mudar o rumo das coisas.

LEMBRE-SE DISTO: TODA MUDANÇA COMEÇA NO PENSAMENTO.

➢ Fortaleça sua mente com pensamentos e crenças positivas;

"QUEM SE ENTUSIASMA TORNA-SE, ANTES DE TUDO, UM LÍDER DE SI PRÓPRIO. DEIXA DE SER PASSIVO OU SUBMISSO E PASSA A SER ATIVO, EMPREENDEDOR, AUTOCONFIANTE E OUSADO."

- Recarregue suas energias quantas vezes forem necessárias;
- Só podemos solucionar problemas se mudarmos o rumo das nossas ações ou a maneira de agirmos;
- O entusiasmo desperta a criança que há dentro de você: uma pessoa entusiasmada não tem vergonha de manifestar seu entusiasmo, sua alegria, seu humor, sua euforia;
- A pessoa entusiasmada consegue contagiar os outros com seu arrebatamento e se imagina um vencedor;
- A pessoa entusiasmada não se contamina com o negativismo dos outros. Seu entusiasmo serve como um escudo de proteção contra pessoas e fatos negativos;
- A pessoa entusiasmada agradece todos os dias o raiar do sol, pois ela sabe que cada novo dia pode ser um recomeço;
- Exercite o entusiasmo na sua vida todas as vezes em que uma atividade sua estiver virando uma rotina estafante. Mude a forma de desenvolvê-la, redirecione os métodos;
- Os profissionais que têm o entusiasmo como ingrediente básico de suas atitudes, trabalham mais leves e soltos, são mais comunicativos e bem-humorados, estão sempre de bem com a vida;
- Quem tem o entusiasmo como alimento diário nunca envelhece, pois mantém sempre sua mente jovem e ativa. Juventude é um estado de espírito.

"Tenha um sonho de vida e acredite nele." (Dirceu Maramaldo)

INTELIGÊNCIA EMOCIONAL

"Inteligência emocional é saber expressar a emoção certa, na hora certa, no lugar certo, do jeito certo e para a pessoa certa."

(Daniel Goleman)

Saber administrar os sentimentos, conhecendo e valorizando seus pontos fortes e trabalhando suas limitações, é o grande segredo da inteligência emocional, que pode ser definida como a habilidade de entender, administrar e expressar corretamente as suas emoções, além de lidar adequadamente com os sentimentos de outras pessoas. Esta é uma habilidade essencial para a formação, o desenvolvimento e a manutenção dos nossos relacionamentos, tanto pessoais quanto profissionais.

O mundo corporativo carrega a máxima de que os profissionais são contratados, geralmente, por seus conhecimentos técnicos, mas demitidos por problemas comportamentais.

Tenho visto diversos profissionais gabaritados que têm sérias dificuldades em sua carreira porque não conseguem manter um bom relacionamento com os companheiros de trabalho ou com os clientes. Embora tenham bastante conhecimento técnico e boa formação cultural, muitas vezes são demitidos por não terem equilíbrio emocional na hora da pressão recebida pelo mercado, por exemplo. Perdem o equilíbrio e não sabem tomar as decisões certas. Também não conseguem lidar com o clima organizacional e, mesmo sem ter essa intenção, tomam atitudes que geram desarmonia na equipe. Tudo isso porque, embora tenham inteligência racional, falta neles a inteligência emocional. A falta de sensibilidade de se relacionar com os outros e a dificuldade de lidar com situações de desconforto prejudicam o desempenho do profissional, a sua imagem e sua própria carreira.

Enquanto o quociente de inteligência (o famoso Q.I., que corresponde à inteligência racional) envolve vários fatores ligados inclusive às condições de cada pessoa desde o berço, a inteligência emocional pode ser desenvolvida e melhorada a qualquer tempo. Quanto mais a pessoa desenvolve esse aspecto da inteligência, mais terá a capacidade de administrar com equilíbrio as suas emoções, obtendo resultados favoráveis em ações que envolvem pessoas e equipes. Quem almeja um crescimento pessoal e profissional precisa estudar, precisa treinar, mas precisa muito desenvolver também a sua inteligência emocional.

É necessário que você faça sempre uma avaliação do seu próprio comportamento e dos seus sentimentos, não deixando que sua mente e seu coração sejam ocupados por negatividades, raiva, desânimo, mau humor e frustrações. Para isso, o grande segredo é estar em harmonia consigo mesmo, desenvolvendo o entusiasmo e a positividade em tudo o que você faz.

Pessoas que se sentem bem emocionalmente produzem melhor, trabalham melhor e geram melhores resultados para as organizações onde trabalham. O líder com inteligência emocional sabe como motivar a equipe para unir forças e caminhar ao encontro do objetivo organizacional definido, evitando desarmonias.

Bons líderes desenvolvem equilíbrio emocional

O modo como você trata as pessoas com quem convive definirá como elas reagirão às suas ideias, atitudes e projetos. As atitudes que dão bons resultados são muito simples e práticas. Dou ênfase para a melhoria dos relacionamentos: devemos nos importar com as pessoas, observando suas características e seus pontos fortes, ajudando cada uma a desenvolver seu talento, tentando compreender as insatisfações e mantendo o equilíbrio emocional. Todo mundo tem o direito de reivindicar e falar o que sente, manifestando seus sentimentos. Agradeça quando necessário, critique em reservado e elogie em público.

Quando você lidera uma equipe, precisa ter muito equilíbrio emocional, pois cada pessoa tem características diferentes e carrega sua própria bagagem, contendo habilidades e conhecimentos, como também traz consigo seus problemas, limitações e medos.

O conhecimento técnico é fundamental para que você desenvolva seu trabalho, porém, o conhecimento comportamental, que depende da inteligência emocional, é imprescindível para se obter sucesso em equipes de alto desempenho, que buscam objetivos individuais ou coletivos. Respeitar a individualidade é o grande desafio de uma liderança. Para isso, é necessário desenvolver a capacidade de ouvir com atenção, ou seja, escutar com o coração.

> "Os líderes são encantadores, geram muita empatia, colocam-se no lugar do outro para saber como ele pensa e o que lhe deve dizer. Utilizam bastante sua inteligência emocional."
> (Jack Welch)

As situações mais extremas da vida exigem de nós muita inteligência emocional. Existem pessoas que têm a capacidade de nos tirar do sério. São pessoas pouco comprometidas com os resultados, que gostam de atrito e confusão, por isso geram fofocas e intrigas na comunidade ou nas organizações.

Na vida familiar também ocorrem situações típicas em que a inteligência emocional é colocada à prova. Quando falta equilíbrio e os atritos familiares se descontrolam, as pessoas tomam decisões impensadas, surgidas na emoção negativa do momento, e mais tarde se arrependem, mas nem sempre conseguem reverter o estrago que causaram. Isso provoca a separação de muitos casamentos, por falta de tranquilidade, bom senso e comunicação apaziguadora. O desequilíbrio emocional das pessoas envolvidas em um momento de pressão e atrito provoca também o fim de empresas familiares que estavam indo bem e tinham tudo para prosperar.

Você deve ter conhecimento de situações que não terminaram bem simplesmente porque as pessoas perderam o equilíbrio emocional no momento em que o conflito poderia caminhar para uma solução. Por causa desse tipo de desequilíbrio, até mesmo situações trágicas acontecem e não têm como serem revertidas depois.

Inteligência emocional evita estresse

Saber lidar com momentos acentuados de estresse, buscando tomar a decisão correta para atingir os resultados estabelecidos, é um grande desafio do profissional. Muita inteligência emocional é necessária nesses momentos que exigem bastante autocontrole. Conhecer a si mesmo pode ser decisivo nessas ocasiões. Se souber identificar suas fraquezas e de onde elas vieram, você terá mais facilidade para superá-las.

O estresse e o descontrole emocional também afetam a saúde física. Segundo o professor Gretz, um dos conferencistas mais conceituados do Brasil, até para sua saúde corporal é importante desenvolver emoções sadias, buscar pensamentos positivos e produtivos, elevar sua autoestima, cuidando melhor de si próprio e se valorizando. Mas devemos ficar atentos para não cuidarmos apenas do corpo, esquecendo a mente, os pensamentos e as emoções.

Mantenha sempre sua mente em equilíbrio. Saber lidar com suas próprias emoções negativas é uma das habilidades mais importantes para que você mantenha o equilíbrio emocional. Elas não devem comandar as suas atitudes e influenciar os seus julgamentos. Pelo contrário, devem ser transformadas em energias positivas. Seus pensamentos devem estar direcionados para seus objetivos e metas, pois não podemos perder o alvo. O foco tem que ser constante, mas mantenha também suas emoções em equilíbrio, superando seus medos e se desafiando a ser uma pessoa melhor emocionalmente.

Desenvolva sua inteligência emocional

Muitos estudos científicos foram e são realizados sobre a inteligência cognitiva, mas ainda são poucos os relacionados à inteligência emocional, o que deixa um pouco inexplorável essa área, mas não tira sua importância na vida das pessoas e nas organizações. A maior parte dos autores que debatem este tema buscam inspiração no psicólogo Daniel Goleman, principal referência no assunto, que nos alerta sobre a importância das emoções em tudo o que fazemos.

Aqui está um resumo dos pontos fundamentais apresentados por Goleman para quem deseja desenvolver sua inteligência emocional:

CONHECER AS PRÓPRIAS EMOÇÕES

A incapacidade de observar nossos verdadeiros sentimentos nos deixa à mercê deles. É necessário o discernimento emocional para conhecer e compreender seus próprios sentimentos. Pessoas mais seguras acerca de suas próprias reações emocionais pilotam melhor as suas vidas. Têm mais consciência de como se sentem em relação a decisões pessoais, desde com quem se casar a que emprego aceitar.

SABER LIDAR COM AS EMOÇÕES

Fazer com que os seus sentimentos sejam apropriados é uma aptidão que se desenvolve na autoconsciência. Somente administrando bem as suas próprias emoções você consegue livrar-se da ansiedade, da tristeza ou de irritabilidades que podem incapacitá-lo no trabalho diário.

RECONHECER EMOÇÕES NOS OUTROS

Chama-se "empatia" esta capacidade que também se desenvolve na autoconsciência emocional. As pessoas empáticas estão mais sintonizadas com os sutis sinais do mundo externo, que indicam o que os outros precisam ou o que desejam. Isso faz dessas pessoas excelentes profissionais em vários campos, como o assistencial, educacional, assim como na área de vendas e na administração.

LIDAR COM RELACIONAMENTOS

A arte de se relacionar é, em grande parte, a aptidão de lidar com as emoções dos outros. Essa capacidade determina o dom da liderança, a popularidade e a eficiência interpessoal. As pessoas excelentes nessas aptidões se dão bem em qualquer coisa que dependa de interagir tranquilamente com os outros: são estrelas sociais.

Motivar-se – Colocar a emoção a serviço de uma meta é essencial para centrar a atenção.

Como fortalecer sua inteligência emocional

O mais interessante do termo "inteligência emocional" é que ele nos remete automaticamente ao poder de nossos pensamentos sobre nossas emoções, mostrando o quanto as emoções do dia a dia interferem no desempenho profissional e mexem com nossas atitudes. Como já vimos no início deste capítulo, o que faz um profissional ter sucesso, por incrível que pareça, é prioritariamente a inteligência emocional do que a cognitiva.

Ser inteligente emocionalmente e ter domínio das suas emoções é ser capaz de pensar com clareza e objetividade sobre elas. Isso nos dá maior controle sobre nós mesmos, propiciando atitudes sensatas e produtivas.

Pessoas sem equilíbrio emocional costumam fazer tudo em direção oposta ao sucesso. Acham-se injustiçadas, brigam, reclamam, tecem intrigas, mas, no fundo, se sentem não merecedoras do sucesso. Revoltam-se com os chefes, com os colegas e consigo mesmas, porque no fundo pensam que o sucesso é só para o outro. E passam a acreditar que, para vencer, é preciso passar por cima dos outros. São pessoas medrosas, inseguras, que não se arriscam e geralmente adoram estacionar na zona de conforto enquanto fazem fofocas sobre os mais ousados.

Pessoas emocionalmente inteligentes têm positividade, tomam decisões rápidas, assumem riscos e têm coragem de errar. Elas têm consciência de que só não erra quem não faz. São honestas e transparentes, compartilham o conhecimento e não receiam julgamentos alheios. São pessoas equilibradas, dão conselhos e não têm medo de se envolver. Se necessário, elas intervêm em um momento de discussão para apaziguar e harmonizar o momento. Quem tem inteligência emocional geralmente é confiante, sabe trabalhar na direção de suas metas, é adaptável e flexível.

Pessoas emocionalmente inteligentes são gratas, e uma forma de desenvolver gratidão é manter uma lista de agradecimentos, conforme vimos no capítulo anterior. Esta prática ajuda a manter a motivação e atitudes positivas ao longo do dia. Envolver-se com trabalho voluntário é também uma boa maneira de estimular a gratidão.

Saber ouvir é uma habilidade importantíssima para fortalecer nossa inteligência emocional.

Quando o assunto é comunicação, o componente mais renegado costuma ser a audição. Pessoas desequilibradas não ouvem, ou distorcem o que escutam. No entanto, profissionais de sucesso são conscientes da importância de ouvir o outro. Eles reconhecem que todos desejam ser ouvidos e todos têm esse direito. Ao prestar mais atenção no que as pessoas têm a dizer, não só mais informação é absorvida, como fica mais fácil captar mensagens subjetivas por trás das falas.

Muita gente costuma pensar no que vai responder antes mesmo de ouvir até o fim a fala do outro. Isso é coisa de quem não sabe ouvir. Atitudes como essa nos impedem de realmente entender a mensagem que está sendo transmitida. Uma boa técnica é segurar a fala até que o outro conclua sua ideia, escutando verdadeiramente as suas palavras, e depois tentar repetir mentalmente o que foi dito por ele, antes de se manifestar.

O aprimoramento das aptidões emocionais está promovendo mudanças radicais nos ambientes das organizações, já que não há mais dúvida de que as relações interpessoais entre os profissionais constituem um fator prioritário à conquista da excelência em todas as esferas. Nesse ponto, o líder tem um papel fundamental para ajudar o colaborador a descobrir e desenvolver seu potencial. É preciso dar atenção e somar, para que todos possam desenvolver as habilidades necessárias de sua inteligência emocional.

SABER OUVIR É UMA HABILIDADE IMPORTANTÍSSIMA PARA FORTALECER NOSSA INTELIGÊNCIA EMOCIONAL.

ATITUDE QUE FAZ A DIFERENÇA

"Atitude é uma pequena coisa que faz uma grande diferença."

(Clarice Lispector)

O modo como você reage ao que acontece na sua vida é totalmente pessoal e individual. É você quem decide ir por um ou outro caminho, como se comportar diante dos desafios, como falar, como ouvir, como calar, como agir em qualquer circunstância, como se apresentar para as pessoas nas mais diversas situações. Isso é atitude. Não há poder externo que prevaleça sobre a sua vontade, desde que ela exista claramente em sua mente, norteando as suas emoções e ações. Nascemos livres e somos livres, mas às vezes esquecemos que as decisões que tomamos em nossas vidas vão direcionar nosso futuro. Tudo depende das nossas percepções e, consequentemente, das nossas atitudes.

Estabelecer metas é importantíssimo, mas não basta. É preciso que haja atitude. Nem sempre as coisas acontecem como queremos, nem sempre as metas se realizam, nem sempre obtemos os resultados que queremos, e um dos motivos desses insucessos é a falta de atitude. O poder realizador das metas precisa ter como aliada a atitude de cada pessoa ou profissional. Sem atitude, as coisas não acontecem.

Pesquisas realizadas em universidades americanas (Harvard e Stanford) mostram que a atitude, para quem quer obter sucesso, é muito mais importante que inteligência, educação, talento ou sorte. Os pesquisadores concluíram que 85% do nosso sucesso na vida podem ser atribuídos à atitude, enquanto os outros 15% se devem à capacidade. Esses estudos apontam que atitude é uma das características predominantes nas pessoas de sucesso.

A SUA ATITUDE DETERMINA A SUA ALTITUDE

Todos nós, seres humanos, somos dotados de habilidades, virtudes e talentos. Mas é necessário desenvolver esses dons. Como falei no capítulo sobre Qualificação Profissional, somos, em nossa vida, como diamantes: precisamos nos lapidar, precisamos desenvolver todo o nosso potencial realizador, precisamos de polimento. Quanto melhor lapidado, mais valorizado seremos, porém, a lapidação exige esforço de cada um. Não adianta esperar que ela aconteça automaticamente.

Escuto frequentemente empresários falando de alguns colaboradores da seguinte forma:

– Esse profissional é dotado de muito conhecimento, sabe tudo sobre a empresa, sabe tudo sobre os clientes e produtos, mas não cresce na carreira porque não tem atitude.

Também tenho visto profissionais de diversas áreas que tinham tudo para ser um sucesso, por seu conhecimento e habilidade, mas faltava atitude para se colocar em ação. Geralmente as pessoas que têm esse perfil esperam as coisas acontecerem.

> **"Existem três tipos de pessoas: as que deixam acontecer, as que fazem acontecer e as que perguntam o que aconteceu."**
> **(Provérbio escocês)**

Conhecimento é essencial nos dias atuais, mas para utilizá-lo é preciso ação, atitude que operacionalize toda a bagagem adquirida durante anos de aperfeiçoamento em prol de resultado positivo.

Você quer um emprego melhor, um cargo melhor, desempenho maior, reconhecimento dos seus superiores e a realização dos seus sonhos? Se a resposta é positiva, digo sem medo de errar: direcione suas atitudes, focando no resultado, e fique alerta para as constantes mudanças ambientais, sociais e econômicas. Cada momento é único e requer uma atitude também única e adequada.

> *"Nossas atitudes escrevem nosso destino. Nós somos responsáveis pela vida que temos. Culpar os outros pelo que nos acontece é cultivar a ilusão. A aprendizagem é nossa e ninguém poderá fazê-la por nós, assim como nós não poderemos fazer pelos outros. Quanto mais depressa aprendermos isso, menos sofreremos."* (Zíbia Gasparetto)

DESENVOLVA ATITUDES VENCEDORAS
Este livro está recheado de dicas para você melhorar seu desempenho:

- **Foco nas metas**. Quando você tem metas, precisa ter foco e planejamento para alcançá-las;
- **Iniciativa.** Depois de estabelecer seus objetivos e saber por que deseja conquistá-los, é necessário agir em direção à sua realização;
- **Inteligência emocional**. É fundamental que você aprenda a lidar com suas emoções, pois ao contrário poderá prejudicar seu crescimento pessoal e profissional;
- **Motivação.** Esta força está dentro de você e o impulsiona a buscar satisfação, desejos e necessidades. Só você conhece os motivos que tem para ser uma pessoa motivada;
- **Aperfeiçoamento constante**. Foi-se o tempo em que diploma era garantia de sucesso profissional. Hoje, além de cursar uma faculdade, é necessário continuar aprendendo, portanto, a formação deve ser contínua;
- **Persistência.** A todo momento surgem dificuldades e vontade de desistir, mas lembre-se de que você merece a vitória. Se caiu, levante-se, sacuda a poeira e continue a caminhada;
- **Comprometimento.** Em tudo o que for fazer na vida, dedique-se por inteiro. Envolva-se e seja envolvido. Empenhe-se em dar sempre o seu melhor, nunca menos do que isso;
- **Amor ao seu trabalho.** Gostar do que faz é essencial para encontrar o sucesso. Somente dessa maneira você conseguirá ser feliz e então desenvolver sua carreira;
- **Coragem.** As pessoas de sucesso não ficam paralisadas pelo medo do que podem perder. Ao decidirem o que querem, entram em ação rapidamente. Aquele que tem claro o seu sonho transforma os momentos difíceis em desafios e os enfrenta com coragem, pois os obstáculos estarão presentes em todos os caminhos. Superá-los nos torna mais fortes tanto na vida pessoal quanto profissional;
- **Iniciativa.** As pessoas de sucesso não ficam esperando que o vento sopre no rumo correto. Elas sabem como ajustar as velas de seu barco para seguirem na direção que desejam;

- **Consistência.** Enquanto muitos desistem nas primeiras dificuldades, as pessoas de sucesso sabem que é preciso fazer todo dia um pouco, e que somente assim realizarão seus sonhos;
- **Coerência.** As pessoas de sucesso não ficam arrumando desculpas para aquilo que ainda não conseguiram.

> Está em nossas mãos o que fazemos de todas as oportunidades, aprendizados e experiências que temos. Só depende de nós o destino de nossas vidas. Você já havia pensado nisso?

AS PEQUENAS ATITUDES PODEM FAZER TODA DIFERENÇA

Tudo que é feito com amor e dedicação gera prosperidade, no sentido de crescer, multiplicar e dar bons frutos. Esperamos muito pelas grandes ações, às vezes deixamos de ter pequenas atitudes que podem fazer a diferença na vida das pessoas, achando que são pequenas demais.

Estamos em um universo que devolve o que oferecemos ao próximo, às vezes não material, mas sentimental, espiritual ou relacional. Com isso aprendemos que: para sermos felizes, devemos fazer as outras pessoas felizes. Para aprender de verdade, ensine. Para ser amado, dê amor. Para ser respeitado, trate os outros com respeito, para conquistar vitória em sua profissão, ofereça valor nos seus serviços.

Atitudes simples podem gerar grandes impactos na vida das pessoas. Por isso, doe-se sinceramente naquilo que você estiver fazendo, faça de coração, ofereça valor, fazendo a diferença, e as pessoas farão filas para ajudá-lo.

Quando descobrimos que a reciprocidade das nossas ações não está no outro, mas em nós mesmos, começamos a mudar o nosso comportamento e nossas atitudes.

Lembrando que você é um jardineiro nessa vida, então plante no seu coração e nos corações das pessoas sementes de: esperança, solidariedade, união, fraternidade, motivação, paz, igualdade, gentileza, educação e amor ao próximo. Dessa forma, você aumenta suas chances de sucesso quando se torna um agente multiplicador das coisas boas.

OS DESAFIOS QUE NOS MOVEM

"Aquele que não experimenta novos desafios acaba se neutralizando diante das adversidades."

Na vida, vivemos várias fases. A cada momento, passamos por fatos e situações que possivelmente não viveremos mais. Cada momento é único, ou seja, não conseguimos dar *replay* e voltar ao tempo. Você já ouviu a expressão: "Meu amigo(a), o que passou, passou, não volta mais". Isso mesmo, tenho a seguinte filosofia, temos que viver o momento, porque nem um dia é igual ao outro.

Em todos os momentos, há desafios que às vezes fazem a gente repensar a vida, muitas vezes bate aquele medo, outros desafios nos motivam a enfrentá-los. O importante é saber que dificilmente uma situação vai trazer 100% de segurança para você. Todas as decisões de risco trazem momentos de reflexão profunda e medo, só que esse medo precisa ser moderado. Medo em excesso só nos paralisa e, para isso não acontecer com você, a palavra-chave é: "AVANCE", mesmo com medo.

Já ouviu a frase: "O que não te desafia, não te tira do lugar"? Isso mesmo, meu amigo. Em qualquer área de vida, busque atividades que façam você sair da sua zona de conforto. Não é fácil superar momentos que fazem a gente se sacrificar um pouco, mas são esses momentos que trazem crescimento para nossa vida.

Quando você está trabalhando em uma empresa e quer se diferenciar, você precisa pensar diferente, ter atitudes que trazem resultados, do contrário, você será um colaborador qualquer, ou seja, um profissional mediano. Se você é um empreendedor e quer ver seu empreendimento crescer, você precisa inovar, trazer novidades para os clientes, divulgar seus produtos nos canais certos, onde seus clientes irão apreciar e comprar. Suas estratégias de vendas são essenciais para seus clientes adquirirem seus produtos.

Se você é um atleta de alta *performance*, você só crescerá quando se desafiar constantemente, buscando exercícios e treinamentos que forcem sua *performance* atual. Em qualquer atividade, faça a seguinte pergunta:

Como posso sair da minha zona de conforto?
O que devo fazer para me tornar extraordinário na minha área?
O que devo fazer para melhorar meus resultados?

"AQUELE QUE NÃO EXPERIMENTA NOVOS DESAFIOS ACABA SE NEUTRALIZANDO DIANTE DAS ADVERSIDADES."

O que não vale é você se contentar, achando que já está bom, e que já cresceu o que tinha que crescer!

Lembrando que você só obterá novos resultados tendo novas decisões com novas atitudes. Não espere resultados diferentes fazendo o que sempre fez. Tenho visto pessoas esperando a chuva cair do céu no verão para obter novas colheitas, em regiões nas quais dificilmente chove no verão. Quer uma dica de ouro? Faça jorrar água com um abastecimento próprio, como todo agricultor que se preza faz para sua colheita brotar e crescer. Dessa forma, gerará resultados positivos para você, permitindo novas colheitas.

Costumo dizer que quando as coisas estão começando a ficar paradas, é preciso se mexer. Tudo que fica muito tempo parado entra no estado de inércia e sua utilidade acaba sendo irrelevante. Essa lição serve para vida profissional? É claro que serve. Como profissionais, precisamos estar aprendendo e nos reinventando.

Um bom profissional não para no tempo, atualiza-se constantemente e busca sempre novos resultados.

Existe um ditado popular que diz: a fila anda. Isso mesmo! Se você perder o time, a fila anda. Quando você fica parado para ver o que vai acontecer, a fila anda. Quando você não busca novas estratégias, a fila anda. Quando você não se reinventa, a fila anda. Até nos relacionamentos, se você não conquistar diariamente a mesma pessoa, a fila anda. A todo o momento a fila anda. A pergunta que eu faço a você é: vale a pena ficar parado, esperando para ver o que vai acontecer? Só lembrando, meu amigo, a fila anda.

Por isso, mesmo aparecendo muitos obstáculos em sua vida, saiba que é melhor superá-los do que esperar para ver o que vai acontecer. Lembrando que qualquer atividade em que você pretende crescer sempre exigirá alta *performance*. Ou seja, um sacrifício pessoal para sua evolução.

Tenho acumulado várias funções no decorrer da minha vida, que se dividem entre escritor, palestrante, empreendedor e amante da corrida de rua. Em todas essas atividades eu tento me superar. Por exemplo, para escrever um livro hoje é preciso muito foco, disciplina e força de vontade. Sabe por quê? Além de as pessoas estarem valorizando mais as leituras curtas e rápidas, para escrever um livro, você precisa abrir mão de muita coisa, principalmente dos finais de semana, que é quando surge um tempo livre para o escritor. Tenho essa atividade, assim como ministrar palestra e multiplicar o conhecimento como propósito de vida, como uma missão.

Em alguns capítulos deste livro, vou falar das atividades que venho praticando na área profissional e empreendedora, mas nesse aqui quero detalhar uma que se tornou mais que um *hobby*, tornou-se uma paixão que faz eu me desafiar um pouco mais. A Meia Maratona Internacional do Rio de Janeiro, uma prova disputadíssima, que reuniu 15 mil atletas de todo o Brasil. Nós nos planejamos três anos atrás para participar dessa competição que é considerada uma das competições mais rápidas e belas do Brasil.

Em 2019, eu conversei com os integrantes da minha equipe de treino, denominada "Equipe Águia". Fizemos nossas inscrições para participar dessa meia maratona e estávamos treinando animadamente para essa competição. Como nem sempre as coisas ocorrem como o planejado, veio a pandemia e todos os eventos que aglomeravam pessoas foram cancelados, inclusive a Meia Maratona Internacional do Rio de Janeiro.

Recebemos um e-mail da coordenação do evento, informando que a competição iria ser cancelada e que poderíamos utilizar a inscrição no ano que aconteceria o próximo evento. Não sabíamos se ia acontecer logo ou iríamos sofrer mais com a pandemia. Na verdade, foi um período doloroso para todos nós. Muitas pessoas perderam familiares e amigos, isso é um fato triste que nos deixa ainda sem palavras para descrever.

O tempo foi passando, a pandemia enfraqueceu. Os eventos foram ressurgindo e recebemos um novo e-mail da coordenação da corrida informando que já estavam aptos para realizar a prova, e que a data seria 21 de agosto de 2022. Com essa confirmação, começamos a treinar, faturamos nossas passagens e nos deslocamos aproximadamente 3000 mil km até a cidade do Rio de Janeiro.

Somos da região Norte, estamos no outro extremo do Brasil, e, mesmo assim, a distância não se torna um obstáculo para participarmos. Na maioria das vezes, nos planejamos e fazemos um esforço extra para estar nas maiores e melhores competições do Brasil.

E assim fizemos. Quando chegamos ao local, estudamos até a previsão climática. Sabíamos os dias em que faria sol, os dias em que iria chover e os dias que ficariam nublados. Além da participação na Meia Maratona Internacional do Rio, queríamos aproveitar os pontos turísticos, as praias cariocas e as deliciosas comidas servidas nos restaurantes da cidade.

Havia duas caravanas que iam representando a cidade de forma independente, ou seja, cada atleta estava custeando suas despesas. Nós nos planejamos e economizamos para fazer essa viagem nos meses anteriores. Sabíamos que quando viajamos para uma cidade turística, os preços dos serviços e produtos são mais elevados, uma vez que ali estão agregados o passeio, o lazer e os atrativos turísticos. Sabíamos que, para viajar para tão longe, são necessários recursos financeiros.

O sacrifício valeu a pena, conhecemos vários pontos turísticos, como o Museu do Amanhã, o Teatro Municipal do Rio de Janeiro, a Biblioteca Nacional, as praias de Angra do Reis, dentre outros pontos, além da participação da exposição imersiva Van Gogh Experience. Para ser sincero, foram poucos dias para visitar tantos atrativos. Sabíamos que se nós não tirássemos um dia para descansar, iríamos comprometer o resultado da competição.

Chegamos numa quarta-feira à noite, na data 17/08/22, registramos e ficamos descansando. Já na quinta e sexta brincamos bastante; no sábado descansamos para restaurar as energias e fazermos uma grande prova. Quando chegou o grande dia, acordamos cedo com uma expectativa elevada, pois estávamos em outro território, em clima e relevo totalmente diferentes do nosso, muito frio e com tempo nublado.

Mas como costumo dizer: "Quando um guerreiro se prepara para um combate, ele não retrocede, ele avança mesmo diante das adversidades."

Saímos em direção ao local da competição, e quando chegamos, avistamos a multidão de atletas de todo o território nacional. Todos da equipe tinham em mente que o maior concorrente não eram os outros, mas, sim, nós mesmos, afinal, era uma meia maratona, totalizando vinte e um quilômetros e quatrocentos metros (21.400) km.

Para correr uma distância dessa, todo atleta, seja profissional ou amador, precisa ter treinado no mínimo três meses antes da competição. Sabíamos que não ia ser fácil e em nossa mente estávamos preparados, pois, nos meses anteriores à prova, preparamos nosso corpo com um treino planilhado, e isso ajudou muito. A largada era por pelotão, e o nosso estava atrás do pelotão de elite. Largamos 15 minutos após os atletas profissionais.

Durante a competição, houve um momento que começou a serenar com vento forte, e isso trouxe até um pouco de refrescamento ao nosso corpo, ao mesmo tempo que forçávamos um pouco mais a musculatura por causa do vento forte. Estávamos querendo fazer um bom tempo nessa prova, levar nosso corpo ao limite, uma vez que dificilmente um atleta se economiza em uma competição.

No percurso ultrapassamos vários atletas, assim como fomos ultrapassados. Para mim, a competição era entre mim mesmo e meu corpo, entre meu limite físico e meu limite mental. Na hora da prova, já nos primeiros quilômetros, nosso corpo entra em um processo de adaptação, aceleramos o nosso coração, o pulmão começa a trabalhar mais rápido, a circulação sanguínea corre mais rápido no organismo e aparece um desconforto inicial que o atleta precisa superar.

Após ultrapassar a metade da prova, vêm outros incômodos, aparece uma dorzinha no pé, nas pernas, nas costas ou no joelho. Eu poderia enumerar aqui os motivos de se tornar uma superação pessoal qualquer atividade de alta *performance* atlética, mas convido você a entrar no esporte para ter a possibilidade de descobrir o poder de superação que você vai adquirir.

Muitas pessoas desistem durante o percurso, param no meio da prova, sentindo dores e fadigas musculares. Mas outros, mesmo com dores, vão até o final e se superam, o que foi o caso de todos os membros da nossa equipe. Entretanto, ao observar os outros atletas, percebi pessoas com idade mais avançada completando a prova e pessoas jovens desistindo. Por isso, digo a você, treine sua mente, e seu corpo será motivado à superação. Falo isso no capítulo anterior.

Eu senti dor nas minhas pernas várias vezes, porque estava muito frio, sem contar a quilometragem, mas não desisti. Por falar em desistir, até tirei essa palavra do meu vocabulário. Completei a prova com um excelente tempo de superação e fechei os 21.400 metros com excelência. Pela segunda vez, participei dessa belíssima competição, contemplando as lindas praias cariocas, incluindo a praia mais famosa do Brasil, a praia de Copacabana.

Corremos por amor ao esporte, não participamos das competições apenas para competir com outros atletas. Sempre falo isso quando estou com nossa equipe de treino: corro porque já virou estilo de vida, sinto-me bem, pois faz melhorar meu desempenho físico e até mesmo meu desempenho intelectual.

Alguns estudos mostram que nosso corpo se renova todos os dias. A cada segundo, algumas células morrem, outras nascem, esse ciclo é fundamental para nossa existência. Ao praticar qualquer atividade física, você ajuda seu corpo a entrar nesse processo de restauração e renovação. Eu tenho incentivado vários profissionais a praticarem atividade física com essa teoria. Busque sua melhor *performance* treinando seu corpo e sua mente.

A 24ª Meia Maratona Internacional do Rio de Janeiro ficou para a história em nossas vidas. Passamos uma semana convivendo com 9 pessoas em uma casa, aprendemos bastante com esse convívio. Veja bem, você certamente já assistiu aos *reality shows Big Brother* ou *A Fazenda*. Programas em que eles colocam pessoas para conviverem alguns dias confinadas juntas. Lá, os comportamentos íntimos são revelados, a convivência com frequência mostra atitudes que talvez você não conhecia de uma determinada pessoa.

No Rio de Janeiro, não estávamos confinados, muito pelo contrário, aproveitamos bastante os pontos turísticos e as belezas naturais, conforme já citei antes. Porém, quero oportunamente falar em um próximo capítulo sobre esses dias de convivência com outras pessoas, mesmo sendo nossos amigos próximos, sempre temos algo a aprender. Em alguns momentos, sorrimos, brincamos, presenciamos momentos de irritação por parte de alguns membros. E assim foram os 9 dias, tivemos muitas lições e aprendizados.

As lições que quero compartilhar com vocês são valiosas para seu crescimento e sua superação pessoal:

- ✓ Planeje-se, porém, ajuste seu planejamento quando necessário;
- ✓ Treine com foco no objetivo, pois quando se tem preparo, qualquer atividade fica mais fácil;
- ✓ Busque conhecer aquilo que você está fazendo, a vida vai exigir isso de você;
- ✓ Não desista no meio do caminho, mesmo tendo aparecido dificuldades;
- ✓ Esteja preparado e aprenda com as situações adversas, nem sempre as coisas irão acontecer como queremos;
- ✓ Busque a superação pessoal, quando doer não desista, sua vitória pode estar bem perto de você. Persevere!;
- ✓ Adicione momentos de alegria, descontração e lazer. Quando isso acontecer, um problema, por maior que seja, vai se tornar leve;

- ✓ Busque conhecer novos lugares, isso vai ajudar muito e sua motivação vai aumentar;
- ✓ Saiba que durante o percurso na vida os desafios vão aparecer. Como falei, vencemos o frio, a chuva e a quilometragem. Posso afirmar que todos que estavam ali e conseguiram ultrapassar a linha de chegada superaram-se.

Quero deixar registrada a participação dos membros da Equipe Águia neste capítulo. Vocês foram gigantes, meus amigos(as), foi superação pessoal digna de aplausos para todos vocês. Antônia Carneiro, Suelene Damasceno, Valdelise de Jesus, Jair Belém e minha esposa, Maria Gláucia. Na oportunidade, parabenizo também Vania, Verinaldo, Jô Miranda, Sandra, Ronalda e Andréia, do Grupo Superando Limites, que estavam presentes nesta grande competição.

DESAFIE-SE TODOS OS DIAS

Aprenda a desafiar seus medos.
Uma vida sem desafios não tem sentido.
Provavelmente, existem lugares que você gostaria de conhecer, coisas que você gostaria de fazer.
Considere todas as possibilidades de crescimento e evolução que a vida lhe proporciona e desafie as crenças que limitam seu crescimento.
Desafie-se a ser feliz, pois a felicidade é uma conquista.
Desafie-se a amar, pois o amor é uma conquista.
Desafie-se a ser amigo, pois a amizade é uma conquista.
Desafie-se a ser próspero, pois a prosperidade também é uma conquista.
Sua vida será resultado direto dos seus desafios e das suas escolhas.
Lembre-se: **"O grande desafio da vida não é vencer o outro, é vencer a si mesmo"**. Relembrando meu voo de Asa Delta no Rio de Janeiro, esse momento também foi especial, foi mais um desafio superado.

MARKETING PESSOAL

"Se as pessoas gostam de você, elas vão te ouvir, mas se elas confiam em você, elas vão fazer negócios com você."
(Zig Ziglar)

Constantemente estamos sendo observados: quando visitamos nossos clientes, quando saímos com a família, quando vamos a uma instituição de ensino, quando vamos à igreja, em todas as circunstâncias estamos sendo vistos por alguém, e essa pessoa vai formar um conceito de você com base em informações verdadeiras ou falsas sobre sua vida, por onde você anda, o que diz, como se veste, com quem se relaciona, em que trabalha, qual a sua posição na empresa, como apresenta seus produtos, e muitos outros detalhes. Talvez você não se importe com isso, mas deveria se importar. A imagem que as pessoas têm de você é um fator decisivo em sua carreira e em todas as dimensões de sua vida. O *marketing* pessoal projeta sua identidade como se você fosse uma marca, uma grife, um produto ou serviço. Veja como.

Deslanchar uma carreira de sucesso requer do profissional várias estratégias: uma delas é um bom *marketing* pessoal. O objetivo dessa ferramenta é aumentar a aceitação e fortalecer a imagem que um determinado segmento, ou o público em geral, tem acerca de uma pessoa. É necessário saber de que forma você está se apresentando para o mercado e como esse mercado está vendo você. O *marketing* pessoal procura destacar aspectos de sua personalidade, habilidades, capacidade profissional e outras características positivas que ajudem a formar sua imagem pessoal e profissional.

Saber cuidar do *marketing* pessoal não é uma habilidade inata, que nasce com a pessoa, mas é algo que pode ser aprendido e desenvolvido com o tempo. No entanto, para desenvolver essas habilidades é fundamental que o seu *marketing* pessoal crie uma marca em você. Assim, quando falarem seu nome, de imediato a sua imagem virá junto. Tomara que seja o conceito positivo de uma pessoa simpática, ativa, responsável, criativa, bom caráter e ótimo profissional.

Uma questão de atitude, o *marketing* pessoal envolve percepção, atenção aos detalhes e, principalmente, disciplina em se organizar. Não se trata de parecer o que não é, mas de destacar qualidades já existentes ou que podem ser aprimoradas. O grande desafio é garantir resultados que venham das suas próprias atitudes.

São atitudes pessoais e comportamentais como, por exemplo, ser um realizador, inovar, expor ideias, saber ouvir, demonstrar interesse, moderar o tom de voz e cuidar da aparência, entre muitas outras, que promovem notoriedade e reconhecimento profissional das pessoas, quer seja na empresa ou na sociedade. Portanto, seja marcante onde você estiver, aprimore seu estilo, esteja sempre bem apresentável conforme a ocasião, mas nunca queira mostrar o que você não é.

Você nunca terá uma segunda chance para causar uma boa primeira impressão.

A primeira impressão é essencial para projetar uma imagem positiva. Antes de tudo, as pessoas olham a embalagem, ou seja, como você está vestido. Em seguida, de que forma você anda e se comunica. Com o tempo, avaliam suas habilidades, grau de conhecimento e nível profissional. Todos esses fatores somados contribuem para a formação de sua imagem. Um produto deve ter uma embalagem bonita e atraente. Isso ajuda. Mas, com o tempo, sua forma e conteúdo vão sendo avaliadas. Com o profissional não é diferente: as pessoas vão avaliar você, como se faz com uma marca, para comprar suas ideias, serviços ou produtos. O seu nível técnico é essencial, mas o seu comportamento e suas atitudes também são determinantes para a consolidação de sua marca no mercado.

> "Mesmo os indivíduos precisam desenvolver uma marca para si... Seja qual for a sua área de especialização, você pode tomar medidas para fazer com que as pessoas se lembrem de você quando pensam em seu campo de atuação."
> (Accelepoint Webzine)

Dicas para uma imagem de sucesso:

CUIDE DE SUA APARÊNCIA

Você não precisa vestir roupa de marca, acompanhando as últimas tendências do mercado, mas se vista adequadamente no ambiente de trabalho. Seja coerente com a imagem profissional que deseja passar. Mas se lembre: o fundamental é estar bem consigo mesmo.

MELHORE SUA COMUNICAÇÃO E MODERE SEU TOM DE VOZ

Adeque sua comunicação ao ambiente e ao contexto.

Não fale alto ou muito baixo, pode ser prejudicial.

Tenha um vocabulário rico para que você possa ajustar sua fala conforme o público-alvo. Dessa forma, será devidamente compreendido.

EXPONHA SUA OPINIÃO

Muitos profissionais não expressam o que acham com medo do que os outros irão pensar. Mostre seu ponto de vista expressando sua opinião.

Uma oportunidade perdida dificilmente será recuperada. Expor o que se pensa de forma direta demonstra que você pensou sobre o assunto e que procura contribuir para resolver o que está sendo discutido.

É importante, no entanto, saber expressar esta opinião de forma clara, mostrando que suas ideias poderão contribuir para os resultados da empresa.

ASSUMA RESPONSABILIDADES

Quando aparecer uma atividade precisando de um voluntário, seja o primeiro a se colocar à disposição, mostrando seu grau de comprometimento e proatividade.

Preze pelos bons resultados. Ao se posicionar dessa forma, aumentam as chances de conquistar a confiança das pessoas à sua volta e sua imagem positiva também acaba ganhando visibilidade.

DEMONSTRE INTERESSE

Seu grau de atenção em uma conversa vai mostrar que você é um profissional ativo. Esteja atento às pessoas, projetos e outras ideias. Isso revela uma atitude de engajamento, além de indicar que você procura estar aberto aos vários pontos de vista.

Seja uma pessoa flexível e ao mesmo tempo dedicada ao que acontece dentro da empresa.

SÓ PROMETA O QUE VOCÊ PODE CUMPRIR

Alguns profissionais "arranham" sua imagem porque prometem muito e cumprem pouco. Já vi alguns profissionais serem demitidos porque prometeram muitos resultados e não conseguiram entregar. Regra de ouro: só prometa o que poderá cumprir, e cumpra o que prometeu. Quando avaliar que não terá possibilidade de cumprir, seja verdadeiro, fale a verdade. Seu cliente vai entender.

ACEITE DESAFIOS

A cada dia, os profissionais estão mais parecidos dentro das organizações. Estar disposto a fazer o que os outros não querem fazer, por parecer difícil ou desafiador, são alternativas para a promoção de uma boa imagem profissional. Considere que o desafio manterá você em atividade e longe da zona de conforto.

Assumir novas responsabilidades, aceitar um projeto difícil e fazer coisas que as pessoas não estão dispostas a fazer contribuem significativamente para o *marketing* pessoal. Sua carreira agradece.

SEJA CRIATIVO

Demonstrar criatividade nem sempre é fazer algo extraordinário: podemos ter boas ideias com atitudes simples. Se pensarmos somente em algo grandioso, as pequenas mudanças podem passar despercebidas. Dessa forma, deixam de ser apresentadas e não contribuem de forma inovadora para o ambiente de trabalho. Ser criativo é procurar resolver problemas de maneira que ninguém havia pensado antes. Com criatividade, podemos encontrar boas soluções para o que precisamos.

SORRIA PARA AS PESSOAS

Seu bom humor vai contagiar quem estiver ao seu lado. Nada de mau humor! O sorriso vai mostrar que você é uma pessoa alegre e de fácil relacionamento, sem contar que pessoas bem-humoradas estão sempre dispostas a colaborar. Lembre-se: o sorriso rejuvenesce.

SEJA EDUCADO

"Bom dia", "boa tarde", "boa noite", "com licença", "por favor", "obrigado". Essas palavrinhas mágicas funcionam muito em casa e no ambiente de trabalho. Tratar as pessoas com respeito, cumprimentar colegas, ser atencioso com todos são atitudes que trazem bem-estar pessoal e boa imagem profissional. Pessoas cordiais são bem relacionadas e transmitem uma imagem positiva, pois têm facilidade para conviver e trabalhar.

PROFISSIONAIS QUE GERAM RESULTADOS SÃO MAIS VALORIZADOS

De nada adianta investir em todos os fatores citados, se você não entregar resultados. Da mesma forma, pouco adianta entregar altos resultados e não investir em sua imagem profissional. O ideal é que se tenha um equilíbrio para que ocorra o crescimento na carreira. Entregar resultados é o que as empresas querem. Feito de forma positiva, isso traz consigo benefícios para todos os envolvidos, garantindo assim um diferencial para o profissional e para a empresa em que ele trabalha.

PROFISSIONAIS QUE GERAM RESULTADOS SÃO MAIS VALORIZADOS.

III HÁBITOS ESSENCIAIS PARA A ALTA PERFORMANCE

As pessoas que buscam resultados extraordinários não se acostumam em ficar esperando para ver o que vai acontecer, elas fazem acontecer.

Resultado é uma palavra essencial no mundo atual do empreendedorismo e da alta *performance*. Não adianta você dizer que é o "cara", se você não obtiver resultados. Seu discurso não será coerente com a realidade. Logo, você não terá credibilidade.

Conheço pessoas que falam e falam, mas, na hora da verdade, essas pessoas não têm os resultados esperados. Você sabe quais erros essas pessoas geralmente cometem? Da boca pra fora, todo mundo é extraordinário. Mas a realidade é bem diferente. Hoje, quando eu observo os profissionais falando de suas vidas e do trabalho, eu olho os resultados desses profissionais, assim como seus comportamentos e atitudes diante dos desafios e adversidades.

Estudando o perfil de empreendedores, profissionais e atletas de alta *performance*, vejo pessoas comuns, mas com uma sede por resultados. São pessoas que não se contentam em ser apenas bons naquilo que fazem, elas querem ser extraordinárias. Para isso, não hesitam em suar a camisa se dedicando em seus objetivos.

Falar da essência dos campeões é falar de alta *performance*, sabe por quê? Todos os campeões, para vencerem, tiveram que sair da sua zona de conforto e, com isso, começaram a subir mais alto na escada da vida.

III HÁBITOS ESSENCIAIS PARA A ALTA PERFORMANCE

> SAIA DA SUA ZONA DE CONFORTO! VOCÊ NÃO TERÁ SUCESSO FAZENDO AS MESMAS COISAS E ESPERANDO RESULTADOS DIFERENTES.

Eu sei que não é fácil. Se fosse fácil, você observaria muitas pessoas fazendo sucesso sem suar a camisa, ou seja, sem dedicação, sem esforço e sem estudo. Por isso, é importante você começar a observar os campeões. Você só vai conseguir modelar seus comportamentos se estiver analisando-os frequentemente.

As pessoas que fazem sucesso estão sempre se reinventando, elas sabem administrar o tempo, fazendo ele trabalhar a seu favor, e ainda buscam constantemente melhorar sua produtividade. Uma das essências dessas pessoas é que elas conseguem enxergar seus sonhos antes mesmo de acontecerem. Ou seja, elas usam o poder da visualização.

Temos muitos motivos para buscarmos a alta *performance* na vida e no trabalho. Vou compartilhar com você alguns deles:

- ✓ **Pessoas de alta performance são mais ativas;**
- ✓ **Pessoas de alta performance sabem administrar o tempo;**
- ✓ **Pessoas de alta performance não inventam desculpas esfarrapadas;**
- ✓ **Pessoas de alta performance conseguem enxergar oportunidade nas adversidades;**
- ✓ **Pessoas de alta performance estudam frequentemente;**
- ✓ **Pessoas de alta performance leem as biografias de pessoas de sucesso;**
- ✓ **Pessoas de alta performance estão sempre buscando novas conexões;**
- ✓ **Pessoas de alta performance cuidam da mente e do corpo.**

Quando você busca um nível acima da média, começa a enxergar novas oportunidades onde todos só conseguem ver obstáculos e dificuldades. Para buscar um estado elevado de excelência é necessário mudar hábitos. Não conseguiremos vencer na vida se estivermos conectados com alguns hábitos que nos puxam para trás, como, por exemplo, a procrastinação.

Ter o hábito de deixar tudo para depois é perigoso porque se torna um vício. Veja bem, existem coisas que não são prioridades, que compensa adiá-las. Em contrapartida, deixar o essencial para depois pode neutralizar você. Há pessoas que possuem esse vício e não se dão conta que seus resultados são extremamente comprometidos por causa disso.

As maiores desculpas vêm da expressão "depois eu faço". Você sabe que tem que fazer algo importante e deixa para depois. O detalhe é que vão se acumulando decisões, trabalhos e atividades importantes que ajudarão no seu crescimento, no seu desenvolvimento e nos seus resultados.

Toda vez que aparecer algo para você fazer, pergunte-se: é essencial fazer esta atividade agora?

Quais os benefícios que eu terei em fazer esta atividade neste momento?

O que irei perder se adiar esta atividade?

Essas perguntas são poderosas e podem ajudá-lo(a) a refletir um pouco, para que você não jogue para frente as decisões importantes da sua vida.

Está gostando do tema sobre alta *performance*? Vou convidá-lo a buscar mudanças extraordinárias em sua vida. Quando você começa a estudar os campeões, a motivação aumenta e você começa a analisar e se perguntar: se eles conseguem, por que eu não conseguirei? Há alguns anos comecei a estudar e me aprofundar no tema alta *performance* e me apaixonei tanto que os meus resultados melhoraram consideravelmente. Por isso, daqui pra frente vou compartilhar alguns hábitos de alta *performance* que tenho praticado todos os dias. Isso tem me ajudado bastante a melhorar os meus resultados.

I Hábito de Sucesso
UM HÁBITO SAUDÁVEL RECOMENDADO NÃO SÓ POR MIM, MAS POR VÁRIOS ESPECIALISTAS DA ÁREA DA SAÚDE É: DORMIR CEDO E DORMIR BEM.

O meu primeiro hábito que gostaria de compartilhar com você é acordar cedo. Mas para isso acontecer, eu preciso dormir cedo. Como pratico exercício todos os dias, eu preciso de energia, vitalidade e disposição, logo, dormindo bem e acordando cedo, eu recarrego minhas energias. Convém destacar que vários estudos apontam as vantagens de um boa noite de sono, e eu tenho valorizado isso há muitos anos.

Acordar cedo pela manhã, quando grande parte das pessoas está dormindo, é muito bom, pois o silêncio e a paz reinam. Você fica com um tempo disponível, sem interferências para fazer uma boa oração de agradecimentos, fazer uma boa leitura de um livro, fazer algum tipo de exercício físico e até mesmo organizar sua agenda de planejamento do trabalho, para começar o dia com alta produtividade.

Sei que essa dica de alta *performance* não vai agradar todo mundo. Há pessoas que se dizem ser noturnas, porém, tudo é questão de hábito. Quando você quer mudar, você consegue. Por que considero esse hábito tão importante para a *performance*? Porque não conseguimos ser produtivos se estivermos cansados e sem disposição para desenvolver nossas atividades.

Imagine você precisando trabalhar oito horas com sua melhor *performance*, começando cedo com seu planejamento, ou tendo que correr 5 km. Como você fará isso sem energia e disposição? Para toda atividade, mesmo sem trabalho ou treinamento físico, você vai precisar estar descansado, revitalizado e com disposição. Por isso, ressalto novamente, o sono é revitalizador. Muitas células se renovam durante o processo do sono, é nesse momento que recarregamos a nossa "bateria".

II Hábito de Sucesso
OUTRO HÁBITO ESSENCIAL QUE AS PESSOAS DE SUCESSO PRATICAM COM MUITA FREQUÊNCIA É A LEITURA: O CONHECIMENTO QUE A LEITURA TRAZ ENOBRECE A MENTE.

Quando você lê um livro, começa a melhorar seu desempenho. A leitura tem esse poder, ela consegue transformar vidas. Não conseguiremos nos espelhar nos campeões sem saber o que eles faziam ou fazem para permanecerem no topo. A leitura das biografias das pessoas de sucesso é uma excelente alternativa para nos mantermos atualizados.

Quando você começar a estudar comportamentos e atitudes, vai observar que essas literaturas trazem grandes exemplos de pessoas que superaram desafios na vida e no trabalho e se mantêm no topo até os dias atuais. São verdadeiras histórias inspiradoras que fazem valer a pena sua leitura. São verdadeiras fontes de inspiração para todos que querem alcançar sucesso na vida e no trabalho.

Só conseguimos ampliar nossa visão de futuro quando nos dedicamos a uma boa leitura. Quando viajamos nas páginas de um bom livro, novos neurônios nascem, assim como pensamentos e emoções surgem durante a leitura. Isso é revigorante para o nosso cérebro.

Segundo o grande cientista Albert Einstein, "A mente que se abre a uma nova ideia jamais voltará ao seu tamanho original." Então, Salomão Ribeiro, a leitura tem esse poder de ampliar a minha mente? Tem sim, amigo(a) leitor(a)!

Além desses valiosos benefícios citados, a leitura:

- ✓ Vai fazer você melhorar os seus argumentos, principalmente se você for um vendedor;
- ✓ Vai fazer você enriquecer o seu vocabulário, adicionando mais palavras ao seu repertório;
- ✓ Vai fazer você obter conhecimento de diversos assuntos relacionados à sua atividade profissional;
- ✓ Vai fazer você se motivar diariamente. Como sou vendedor de livros, eu recomendo uma boa leitura para aquelas pessoas que estão desmotivadas. Funciona!
- ✓ Vai fazer você se inspirar para se tornar um profissional fora da curva;
- ✓ Vai lhe trazer modelos de sucesso que poderão ajudá-lo a subir na escada da vida;
- ✓ Vai fazer você melhorar sua escrita quando você estiver fazendo uma mensagem ou um texto, seja para um e-mail, para uma carta ou um ofício;
- ✓ Vai lhe trazer uma visão estratégica do futuro;
- ✓ Vai fazer você enxergar seus pontos fortes e fracos, trazendo uma reflexão para sua melhoria.

> "Muitos homens iniciaram uma nova era na sua vida a partir da leitura de um livro." (Henry Thoreau)

São inúmeros os benefícios, que eu poderia escrever um capítulo inteiro sobre eles, defendo e incentivando as pessoas a lerem. Às vezes, fico preocupado com essa juventude, a geração Z, que compõe muitos jovens que estão abandonando o hábito de ler para se dedicarem quase que 100% às redes sociais. Precisamos saber utilizar as redes sociais com moderação, senão perderemos tempo e dinheiro com o mau uso dessas ferramentas.

III Hábito de Sucesso
Não se acostume com a paisagem. Como assim, Salomão Ribeiro?

III HÁBITOS ESSENCIAIS PARA A ALTA PERFORMANCE

Aprenda coisas novas, estude frequentemente. Esses hábitos se fazem necessários nos dias atuais. Estamos em um mercado que se transforma com rapidez. Tudo está mudando com o avanço veloz da tecnologia, o mundo moderno está se digitalizando cada vez mais.

Quem não estiver disposto a buscar adaptação nesse mundo atual, correrá o risco de se tornar um "analfabeto digital". Nesse sentido, mesmo tendo uma graduação, hoje em dia a formação é contínua, não existe uma formação permanente. Se você fez uma graduação e ficou parado, correrá um grande risco de perder seu conhecimento se não se atualizar.

Tenho falado isso para diversos empreendedores e profissionais. Precisamos nos atualizar! Assim como exercitamos o nosso corpo, precisamos exercitar a nossa mente, aprendendo coisas novas, reformulando-nos e nos reinventando.

As pessoas não se dão conta de que o mundo está mudando. Eu sempre comparo o mundo com o nosso corpo e afirmo que a natureza é perfeita. Por exemplo, enquanto dormimos, milhões de células nascem e outras morrem em nosso organismo, incluindo as células-neurônios, que são as responsáveis pelas sinapses em nosso cérebro e pela inteligência.

Por isso, torna-se essencial alimentarmos a mente de informações, conhecimentos e boa leitura, como citei no hábito I. Por isso, amigo(a) leitor(a), não pare no tempo, esteja sempre aprendendo e se desenvolvendo. As pessoas vão observar sua capacidade de sempre se reinventar quando aparecer uma oportunidade para você se atualizar. Na linguagem da juventude: abrace, ou seja, aproveite.

Quando você vê um profissional de alta *performance* obtendo bons resultados, saiba que esse profissional está sempre aprendendo coisas novas. Quando acontece isso, sua mente fica ativa e disposta a fazer novas conexões em busca de resultados.

Lembrando que esse é um hábito que vai manter você sempre jovem, ativo e disposto. Quando você aprende coisas novas, você abre sua mente, melhora sua motivação e sua autoestima.

> Na escola da vida, somos eternos alunos. Quando temos essa visão, o aprendizado se torna uma pérola preciosa para um profissional.

Falo sempre em minhas palestras que se você não está em movimento, seu concorrente estará. Logo, se você continuar parado, ele o alcançará, e, posteriormente, passará de você. Portanto, quando tudo estiver dando certo, não se acomode, reinvente-se.

Agora quero que você responda a estas perguntas:
Você está construindo em sua vida hábitos de alta performance?
O que está fazendo para não parar no tempo?
Como está o hábito da leitura em sua vida?
Quais são as estratégias de aprendizado que você utiliza?
O que você está fazendo para se reinventar?
Você é um profissional que fala, fala, ou você é um profissional de resultados? Como estão os seus resultados?

SOMOS TODOS VENDEDORES

> Mesmo não querendo, você vende todos os dias. Começamos o processo de vendas em casa, quando queremos convencer nosso cônjuge a ir a um restaurante da nossa preferência. Quando queremos vender uma ideia aos nossos filhos, ou quando temos um projeto e queremos envolver a família. Tudo envolve a arte da persuasão e do convencimento.

Sermos bons vendedores nos promove no cenário de crescimento, pois em todos os momentos temos que usar a arte de se comunicar bem com bons argumentos.

Minha experiência e aprendizado na área de vendas vem alicerçada na necessidade de crescimento. Desde criança eu venho me lapidando nessa área. Pela força da necessidade e da sobrevivência, tive que começar bem cedo como vendedor de flau, nas ruas da cidade de Itaituba, no estado do Pará, lugar onde eu cresci. Essa história eu já contei em alguns capítulos, em palestras, artigos e no meu livro **A estratégia do supervendedor.**

Estudando os campeões, sejam eles profissionais, políticos ou empresários de sucesso, todos sabem vender suas ideias e projetos, ou seja, mesmo que uma pessoa não esteja vendendo um produto em si, ela é uma vendedora de ideias. Independentemente da área em que esteja atuando, você vende sonhos, projetos, ideias e esperança.

Quais médicos, advogados, engenheiros têm mais clientes e possibilidade de ter sucesso em suas profissões, na sua opinião? Os mais técnicos? Os que têm mais especializações? Ou os que sabem se posicionar melhor no mercado e que sabem vender seus produtos ou serviços? Tenho observado que os profissionais que mais estão com a agenda cheia são aqueles que estão buscando conhecer o seu mercado. Eles conseguem se posicionar na mente do cliente como a melhor opção. Como fazem isso? Usando estratégias de vendas, divulgando sua marca nos meios de comunicação, fazendo seus conceitos se multiplicarem por meio de exposições, *lives* no Instagram, Facebook, YouTube ou com comunicação direta com seus clientes, atendendo-os com excelência e comprometimento.

A arte da venda é justamente isso, está presente na mente e no coração do cliente como a melhor opção de compra. Vejo profissionais que ficam se limitando às ações de *marketing* e vendas, achando que não precisam dessas ferramentas para seu crescimento e evolução no mercado.

"Veja bem, seja você um bom técnico naquilo que você faz, mas é necessário desenvolver ações e estratégias de vendas, ou seja, além da técnica, trabalhe também comportamento e atitude, usando sua comunicação."

Não estamos sozinhos no mercado, temos concorrentes. Nenhum profissional ou área empreendedora está fora da concorrência. O mercado se expande em uma velocidade assustadora. Já observou que quando a economia de uma cidade está sólida, a região cresce, as empresas começam a crescer e, automaticamente, isso desperta interesse da concorrência e de empreendedores de outras áreas e localidades?

Por isso, devemos usar as estratégias certas para não ficarmos para trás. Com um mercado com alta competitividade, as estratégias de *marketing* e vendas são necessárias, independentemente da profissão. Citei no início deste capítulo algumas profissões. Sabe por quê? Antigamente quando um profissional se formava em medicina, o seu futuro estava garantido, havia poucos profissionais, poucas clínicas e empresas na área da saúde.

Hoje as faculdades e universidades estão lançando a cada segundo diversos profissionais da área da medicina no mercado de trabalho, com várias especializações. Pode até ser que em algumas cidades faltem profissionais da área de saúde. Mas posso garantir que na atualidade há mais profissionais do que dez anos atrás.

Todas as áreas da saúde estão sendo supridas por bons profissionais. Posso afirmar que alguns profissionais com especializações específicas estão ganhando bem mais que os clínicos gerais. Se na área da medicina está assim, imagine em outras profissões mais populares. Ressaltando que os bons profissionais nunca param de estudar, esses profissionais viajam constantemente para buscar conhecimento nos congressos de saúde nos grandes centros.

Em todas as áreas, somos desafiados a nos posicionar estrategicamente para crescermos. Se ficarmos parados, ficaremos na média, sendo só mais um no mercado e se contentando com o resultado mediano. Sei que muitas profissões não precisam diretamente estar oferecendo serviços e produtos para os clientes, ou seja, a venda direta, como um vendedor de loja. Mas eu quis começar com algumas profissões de destaque, porque alguns profissionais acham que não precisam vender. Alguns acreditam que só porque se formaram em uma faculdade gabaritada já têm o pressuposto de terem a agenda lotada e sucesso garantido.

Eu acredito que se formar em uma instituição de peso, é legal, é promissor, o projeta, e o prepare para o mercado. Porém, quando você entra no mercado de trabalho, a realidade é totalmente diferente, exige pensamentos e ações estratégicas. Principalmente se você for atuar em outra cidade. Você terá que trabalhar ações de *marketing* e relacionamento para se projetar enquanto profissional.

Conheço vários profissionais que são excelentes técnicos, mas têm dificuldade de conquistar e fidelizar clientes, porque não sabem vender seus serviços e produtos, ou seja, no mundo que valoriza o relacionamento com o cliente, se o profissional não começar a "dançar conforme a música", ficará sentado olhando os outros ganharem dinheiro e se divertirem.

Em um dos artigos que eu escrevi, eu falei de um médico que foi trabalhar em um hospital particular e a administradora disse que o mercado tinha mudado, que se ele fosse trabalhar no hospital, teria que rever os seus conceitos e que era necessário ele abordar os pacientes com um sorriso, fazer um cartão de visitas e, todas as vezes que atendesse, levasse os clientes até a porta, como gesto de cortesia e agradecimento. Além de outras orientações de *marketing* que ela sugeriu a ele, ainda acrescentou que não adiantava mais só prescrever os remédios como dipirona para dor, metronidazol para verme e outros remédios populares.

Resumindo, ela deu uma aula de *marketing* ao médico. Como esse profissional estava vindo do setor público e ia trabalhar em um hospital particular, precisava conquistar clientes, para isso, devia ter estratégia de *marketing* e vendas que chamasse a atenção. Tirando a dica do cartão de visitas que ela deu para ele, todas as orientações foram precisas e salutares para o momento. **Sobre o cartão de visitas, o seu uso com papel foi diminuído drasticamente, hoje estão usando o cartão virtual, mais barato e acompanha a evolução do mercado, isso é possível por meio da tecnologia. Sem contar que o uso do celular possibilita o envio com rapidez e precisão.**

Cientes que somos todos vendedores, precisamos alinhar o nosso planejamento de crescimento com a evolução do mercado. Se você está em uma cidade que está crescendo, saiba que em alguns lugares terão pessoas interessadas em seus serviços ou produtos. Por isso, o universo de vendas é gigante.

> Quer uma dica de ouro? Aprenda a vender em um mundo de constante transformação, saber vender se tornou um diferencial. Quem não vende não cresce.

Nas minhas palestras eu tenho ensinado que uma boa estratégia de mercado projeta as vendas. Quando você faz uma boa campanha de marketing do seu produto ou serviço, a venda se torna fácil. Por isso, devemos conectar nossas ações de vendas com um bom *marketing*.

VENDER NÃO É APENAS OFERECER PRODUTOS.

Hoje precisamos manter uma boa sintonia com nossos amigos e clientes, o *marketing* de relacionamento vai auxiliar você no processo de vendas. Se você for bom em *marketing* de relacionamento, as vendas serão bem mais fáceis. Por isso, precisamos manter a visibilidade nos canais certos de vendas, seja na internet nas plataformas digitais, ou em outros veículos de comunicação. Não podemos achar que porque nossos serviços e produtos são bons não precisam de divulgação. Você já ouviu aquela frase: "quem não é visto e nem ouvido não é lembrando"? Por isso que a Coca-Cola mantém sua divulgação permanente nos horários nobres da televisão. Às vezes, quando estamos assistindo algo, vem o comercial da Coca-Cola. Qual é a estratégia?

Manter-se na mente e no coração do cliente. Ou seja, despertar desejo de compra.

Só para você ter uma noção, até nos aplicativos de entretenimento a Coca-Cola está divulgando seus produtos, ou seja, quanto mais canais de divulgação você aparecer, mais você projetará sua marca e seu conceito na mente do cliente.

> **Na época da copa do mundo, estávamos assistindo ao jogo da Seleção Brasileira no YouTube. De repente, apareceu o comercial da Coca-Cola. Na hora, deu vontade de tomar uma Coca-Cola. Brinco.**

NÃO NASCEMOS VENDEDORES

Não nascemos vendedores, mas quando começamos a entender que para as pessoas fazerem as coisas que queremos precisamos convencê-las, entendemos que o processo de vendas está diretamente ligado a nossas ações diárias. Quase todos os dias temos que orientar, motivar e convencer as pessoas a fazerem o que queremos. Por isso, quanto mais convincente você for, mais fácil as pessoas farão o que você quer.

Por isso, mantenha sempre a verdade como pilar fundamental dos seus argumentos, não engane as pessoas criando expectativas que você não vai conseguir superar. Você precisa conhecer as pessoas que estão comprando seus serviços e produtos. Quanto mais você conhece, mais fácil será a satisfação dos seus clientes. Por isso, vender hoje é mais do que só oferecer um produto ou serviço, é preciso conquistar com empatia, fazer seus clientes felizes com seus produtos. Se você for muito bom como profissional de vendas, você fará seu cliente dizer: UAU!!!

> **A expressão "UAU" é usada quando surpreendemos as pessoas com algo extraordinário, relevante e que faça a diferença na vida delas. Portanto, quando você receber um "UAU" do seu cliente, comemore!!!**

No livro **Bora vender**, o autor Alfredo Soares tem uma frase que é marcante e cito ela em alguns momentos: "ganhar dinheiro é fazer os outros ganharem dinheiro. Sempre a melhor mídia de uma empresa é o seu cliente". Ou seja, hoje precisamos nos preocupar com o sucesso

A EXPRESSÃO "UAU" É USADA QUANDO SURPREENDEMOS AS PESSOAS COM ALGO EXTRAORDINÁRIO, RELEVANTE E QUE FAÇA A DIFERENÇA NA VIDA DELAS. PORTANTO, QUANDO VOCÊ RECEBER UM "UAU" DO SEU CLIENTE, COMEMORE!!!

do nosso cliente. Se estamos oferecendo um serviço ou um produto, o cliente precisa estar satisfeito e tendo sucesso.

Vou exemplificar, se estou vendendo um treinamento, preciso saber se a empresa está tendo resultados com o meu treinamento, para isso, tenho que mensurar por meio de pesquisa e gráficos. Se você é um engenheiro, é necessário saber se o cliente está feliz com seu serviço, se a obra está saindo do jeito que o cliente quer. Se você é um advogado, seu cliente ficou satisfeito com o resultado obtido na audiência? Você conseguiu satisfazer as necessidades do seu cliente? Por isso que hoje devemos nos preocupar em prestar um serviço de excelência e ajudar o nosso cliente a ter sucesso.

Quando o cliente está satisfeito com seus produtos, ele vai indicar você aos seus familiares e amigos!

Se você é um vendedor de imóveis, saiba que você não está apenas vendendo uma casa, ou apartamento, você está realizando um sonho, assim acontece com os vendedores de móveis e eletrodomésticos também, se você vende geladeira, sofá ou uma cama, você também está realizando um sonho por meio da necessidade do seu cliente, tudo é complemento de uma casa. Precisamos crescer e se desenvolver na área de vendas, concorda comigo? Vendas é um universo gigante de relacionamento e aprendizado que nos possibilita expandir. Por isso, eu considero a profissão de vendas a melhor profissão do mundo.

Na área de vendas eu cheguei à seguinte conclusão, nunca estamos prontos, temos a necessidade permanente de evolução. Lembrando que **"Nada acontece até que alguém venda algo." Estamos em um mundo de vendas e negociação. Se você ainda não entrou na onda, está perdendo negócios e dinheiro.**

ATÉ NA ARTE DE ENSINAR E EDUCAR, PRECISAMOS SABER VENDER
Então você está falando que o professor também é um vendedor?

O conceito de vendas que estou trabalhando neste capítulo envolve todos nós, inclusive o professor, que assim como o vendedor de porta de loja, precisa convencer o cliente a levar o produto. O mestre da educação precisa convencer os alunos a se dedicarem à sua matéria.

Quanto mais o professor envolver os alunos com sua metodologia, mais os alunos se interessarão pela sua aula.

Todo professor é um vendedor, na minha opinião, principalmente se for do ensino fundamental e médio, em que os adolescentes e jovens precisam de muita motivação para irem em busca dos seus sonhos. A venda da metodologia didática do professor vai fazer o aluno se engajar na disciplina. Se for um professor que não domina o conteúdo, que não consegue envolver a classe nas dinâmicas e nos trabalhos escolares, certamente será uma matéria fria e sem engajamento por parte da turma.

Você pode até questionar, dizendo que todo aluno é obrigado a estudar para crescerem no futuro. Eu concordo com você, mas se o professor quiser ser extraordinário como profissional e ter no futuro bons profissionais que passaram pelas suas mãos, ele precisa ser um vendedor de sonhos por meio de sua disciplina.

Eu tive a oportunidade de escrever um livro junto com a Dra. Djalmira, que fala justamente do professor como agente de transformação social. Neste livro, enalteço esse profissional da educação, que é o professor.

> **NOTA DE AGRADECIMENTOS!**
> Aos grandes mestres da educação, somos gratos a esses profissionais que amam o que fazem, que superam as dificuldades que têm em seus locais de trabalho, incluindo a baixa remuneração que muitos ainda recebem.
> Parabéns a todos os professores.

A VENDA ANTES DA VENDA

O conceito de vendas vai muito mais além de vender produtos, desde uma apresentação de um projeto, até mesmo, quando você tem a necessidade de aceitação social. Por exemplo, você já tentou se inserir em um grupo de seu interesse? Teve que fazer *marketing* pessoal para as pessoas te conhecerem? Conhecerem você como profissional?

Nesse processo, também se usa estratégias de vendas. Até quando você está interessado em alguém, você precisa saber abordar essa pessoa, fazendo ela despertar interesse em você. Até conseguir conquistar o seu coração.

SOMOS TODOS VENDEDORES, SEJA DE CONCEITOS DIDÁTICOS, IDEIAS, PROJETOS, PRODUTOS OU SERVIÇOS

> *Ninguém nasce vendedor, nós aprendemos a vender. O aprendizado é permanente.* Se você depende do processo de vendas 100% como profissional ou como um vendedor de produtos de loja. Você é desafiado a ser um eterno aprendiz, a profissão de vendas é linda, uma profissão na qual você faz seu próprio salário, ou seja, é um desafio constante.

No universo de vendas, a motivação é um pilar fundamental de crescimento, ou seja, não podemos nos desmotivar mediante um cenário de problemas e adversidades. Nesse universo não existem só flores, precisamos lidar com os espinhos da profissão. Aí que está o segredo e a essência dos campeões, as pessoas amam o que fazem, mesmo que apareçam as adversidades e os desafios.

Para exemplificar, os conceitos abordados até aqui. Vendas é uma profissão que envolve todos nós, para saber se você é um vendedor, aprenda essas dicas:

- ➤ *Você é bom em contar fatos e histórias?*
- ➤ *Você envolve as pessoas nas suas ideias e projetos?*
- ➤ *Você tem reunido familiares, amigos e seguidores nas suas causas?*
- ➤ *Você está conquistando a cada dia mais clientes para sua empresa?*
- ➤ *Você soluciona de imediato os problemas das pessoas que estão solicitando seus serviços?*
- ➤ *Você usa estratégia e marketing de vendas para expandir seus produtos e sua marca no mercado?*
- ➤ *Você é um profissional que usa o poder da comunicação a seu favor?*

A ESSÊNCIA DOS CAMPEÕES

São muitas dicas valiosas para o seu crescimento. Tenho estudado as pessoas de sucesso, todas elas são excelentes vendedoras, são pessoas que sabem encantar clientes. Por isso saiba:

Você aprende a vender na hora que decide ser um bom vendedor;

Para vender não existem segredos mirabolantes, basta ter boa vontade, conhecer seus clientes e ser um perito nos serviços ou produtos que você está oferecendo;

O profissional que vive 100% da profissão de vendas não pode se abalar com os Nãos dos seus clientes. O não você já tem, agora vai atrás do sim;

Todas as profissões envolvem o processo de vendas, portanto, somos todos vendedores, direta ou indiretamente;

Surpreenda seus clientes nos primeiros contatos. Saiba que a impressão que você deixa neles faz toda diferença para o resultado final;

Independentemente da área de atuação, todos os profissionais estão em processo de vendas, especialize-se nessa arte e prospere;

Vendedores de sucesso estão sempre em processo de aprendizagem, busque conhecimento e nunca pare de aprender;

Para todas as profissões não existe meio termo, ou você dá resultado, ou não é bom no que faz;

Não nascemos vendedores, aprendemos a vender, na maioria das vezes, pela força da necessidade de convencer e persuadir as pessoas.

ESFORÇO OU TALENTO

"A satisfação reside no esforço, não no resultado obtido. O esforço total é a plena vitória."

(Mahatma Gandhi)

Se você é uma pessoa talentosa, meus parabéns, agora se você não se considera uma pessoa talentosa, seja esforçada. Não adianta talento sem esforço, já vi muitas pessoas talentosas sem resultados, porque para ter resultado é preciso esforço. Para tudo na vida é necessário dedicação, as pessoas que estão brilhando estão focadas em florescer naquilo que gostam de fazer, por isso, não espere somente pela sorte.

As pessoas ricas e prósperas financeiramente, por exemplo, conseguiram crescer por focarem decididamente em algo que é consideravelmente importante e rentável, aí os resultados apareceram. Por isso, não caia na ilusão que você vai crescer sem esforço. A pessoa que se acha talentosa corre o risco de acreditar que tudo que ela faz é muito bom.

Não existe segredo, o preguiçoso nunca saberá como é o cume da montanha, porque ele tem preguiça de escalar.

Se você é uma pessoa talentosa, já tem um pressuposto para obter sucesso. Mas como sempre fala um grande amigo palestrante, Gilclér Regina, "talento só não basta", tem que trabalhar diariamente para obter ganhos. Geralmente as pessoas mais ocupadas são aquelas que encontram tempo para mais atividades.

Use seu talento com esforço direcionado para os resultados. Quando fizer isso, ativará seus ativos mais preciosos, e o crescimento será inevitável.

No livro *Os segredos da mente milionária*, do autor T. Harv Eker, há uma frase marcante que compartilho com você amigo Leitor: "**É onde a atenção está que a energia e o resultado aparecem.**" Na

NÃO EXISTE SEGREDO, O PREGUIÇOSO NUNCA SABERÁ COMO É O CUME DA MONTANHA, PORQUE ELE TEM PREGUIÇA DE ESCALAR.

oportunidade, sugiro a leitura dessa obra magnífica. Neste capítulo, irei compartilhar algumas pérolas desse livro que vai ajudar bastante você mudar de mentalidade. Ou seja, buscar uma mentalidade de crescimento e evolução.

Por isso, seu esforço direcionado vai lhe trazer prosperidade. Não podemos achar que as coisas irão surgir do nada. Costumo dizer que até as bênçãos de DEUS só cairão em sua vida se você se ajoelhar e pedir em oração.

Nessa vida tudo tem um preço, portanto, onde você está investindo seu tempo e seu talento? O que você está fazendo com sua energia diária? Pessoas de sucesso estão investindo tempo e dinheiro no crescimento pessoal e profissional, não podemos ficar parados para ver o que vai acontecer. Observe quem faz a diferença no mercado. São justamente aquelas pessoas de ação.

Conheço um empresário que, antes de ser empreendedor, era gari, ou seja, não importa o que você foi no passado, ou melhor, o que você foi pode ser um trampolim para o seu crescimento no futuro. O importante é a visão que você tem para crescer e prosperar. Por isso, não desista de sonhar, sua motivação para crescer e prosperar é fundamental, lembre-se, o sucesso não é tentar evitar os problemas, mas crescer pessoalmente para se tornar maior que qualquer adversidade.

"Se não existe esforço, não existe progresso."
(Frederick Douglass)

Como um músico consegue tamanha maestria com seu instrumento? Treinando suas habilidades várias vezes durante o dia.

Como um atleta se torna o número um em sua categoria? Treinando diariamente, muitas vezes até a exaustão.

Como um aluno consegue se tornar o número um da sua classe? Estudando em horário que todos estão brincando e se divertindo. Somos os nossos hábitos, por isso, seu esforço vai lapidar o seu talento e você vai obter sucesso. A essência dos campeões é justamente se esforçar com foco no resultado almejado.

Como diz a escritora Marianne Williamson, em seu livro *Um retorno ao amor*:

> *Você é filho de Deus. Viver de modo pequeno não serve ao mundo. Não há nada de iluminado em se esconder para que as pessoas não se sintam inseguras ao seu redor. Todos fomos feitos para brilhar, como as crianças. Nascemos para tornar manifesta a glória de Deus que está dentro de nós. Não apenas de algumas pessoas, mas de todas. Quando deixamos a nossa luz brilhar, inconscientemente damos permissão aos outros para fazerem o mesmo. No momento em que nos libertamos do nosso medo, a nossa presença liberta automaticamente outras pessoas.*

Por isso, tem um universo esperando para ser conquistado, e você é um navegador e tem todos os instrumentos para conquistar seu território. Mas você precisa acreditar nisso e embarcar nas missões mais desafiantes para o seu crescimento. Haverá turbulências? Com toda certeza. Porém, você estará preparado para vencer todas elas. **Tão logo será aplaudido por tamanha glória e ousadia.**

Perguntas para refletir:

O que você está fazendo com o talento que Deus lhe concedeu?

Você é uma pessoa esforçada?

Você está gostando dos seus resultados ou acha que tem talento para maiores resultados?

QUALIFICAÇÃO PROFISSIONAL: INVISTA EM VOCÊ

"O homem para ser completo tem que estudar, trabalhar e lutar."

(Sócrates)

A cada momento que passa, o mercado de trabalho fica mais exigente e as pessoas precisam estar cada vez mais preparadas para as transformações que ocorrem incessantemente. A qualificação profissional torna-se uma ferramenta fundamental para as pessoas que almejam conquistar sucesso em sua carreira. Uma boa colocação nas empresas requer atualização constante. São muitas as exigências e, quanto mais preparado você estiver, melhor será sua posição. Mas a qualificação precisa ser alicerçada com atitudes e resultados.

A evolução tecnológica, a globalização e o avanço dos meios de comunicação aumentaram consideravelmente a competição no mercado de trabalho e a exigência por profissionais bem qualificados. Ficou mais acirrada a disputa entre os profissionais em busca de uma vaga com boa colocação e remuneração. A qualificação profissional é a preparação dos cidadãos por meio de uma formação especializada para aprimorar suas habilidades, de modo a capacitá-lo para executar funções específicas demandadas pelo mercado de trabalho. O profissional que se preza tem que estar se aprimorando sempre, investindo na sua carreira e acompanhando as mudanças do mercado.

A única forma de vencer na vida, principalmente se você nasceu de uma família sem muitas condições financeiras, é estudar, qualificar-se, manter-se atualizado, buscar seus objetivos e suas metas. Segundo pesquisas realizadas nos Estados Unidos, 85% dos milionários nasceram de famílias pobres. Eles tomaram uma atitude de mudança para alcançarem a prosperidade, por meio do estudo e da evolução profissional.

"Aprender é sempre um bom negócio." (slogan do Sebrae)

Quanto mais aperfeiçoado, mais você conseguirá se diferenciar dos outros e mais requisitado você será. Tenho visto muitos jovens que deveriam priorizar sua qualificação, preparando-se para o mercado, buscando mais conhecimento, entretanto, ao contrário disso, estão dedicando a maior parte do seu tempo a coisas secundárias, muitas delas envolvendo bebidas, algumas vezes até drogas mais pesadas. Diante dessa realidade, eu me pergunto: qual será o futuro desses jovens? Que preparo eles terão para o mercado e para a vida? Que legado deixarão para a humanidade?

Está na hora de mudar esse cenário, buscando uma boa preparação. Você já investe em sua qualificação? Parabéns! Caso isso não venha acontecendo com frequência, é necessário promover uma mudança de hábitos, comportamentos e atitudes.

Se você não investe em si próprio, perde o direito de cobrar apoio das pessoas e ninguém fará esforços para ajudá-lo. Nem mesmo a empresa onde você trabalha vai investir em você, caso não observe seu interesse em crescer profissionalmente.

OS CAMPEÕES NÃO PERDEM TEMPO!

Quando você começa a brilhar, incomoda quem não chegou lá. Os vencedores estão sempre buscando formas de se aperfeiçoar, crescer e se desenvolver. O grande desafio das pessoas de sucesso não é só chegar ao pódio, mas permanecer lá. Para isso, você não pode se acomodar na zona de conforto. Não pare de se atualizar. Estude sempre. Prepare-se continuamente.

Antigamente, havia muitos profissionais para poucas vagas. Hoje o mercado de trabalho tem muitas vagas, porém poucos profissionais estão preparados para atender às exigências das empresas. Em qualquer área, a tecnologia exige qualificação. O profissional que não é capacitado demora mais para realizar as suas tarefas, ou realiza com má qualidade e riscos de acidentes, e tudo isso envolve tempo e dinheiro aos olhos do gestor.

QUALIFICAÇÃO PROFISSIONAL: INVISTA EM VOCÊ

Foi-se o tempo em que, para ser auxiliar de serviços gerais, por exemplo, era preciso ter apenas o Ensino Fundamental. Hoje é necessário ter o Ensino Médio. Imagine para outros cargos.

Seja qual for sua formação profissional, não se fossilize achando que já sabe tudo, o índice de fossilização é elevado entre profissionais que param no tempo e ficam desatualizados. O maior problema é que muitos deles acham que já aprenderam tudo o que deveriam aprender. Isso é um grande erro que prejudica a carreira de muita gente.

> Na escola da vida, somos ao mesmo tempo alunos e professores. O bom é que sempre teremos algo novo a ensinar ou aprender.

Se você não quiser participar de um treinamento, por exemplo, encontrará mil e uma desculpas. A qualificação exige dedicação, comprometimento e muito foco naquilo que você quer para você. A desculpa mais comum, quando o assunto é qualificação, é a falta de tempo para estudar. Contudo, essa justificativa tem caído por terra, uma vez que, com a facilidade da internet, atualmente é possível fazer diversos cursos sem sair de casa, estudando nas horas que você quiser. Ou seja, se você administrar melhor o seu tempo, é possível fazer com que sobrem ao menos trinta minutos por dia para se dedicar a um curso *on-line*.

O que você prefere?
Você está preparado e espera a oportunidade chegar.
A oportunidade chega e encontra você despreparado.

Reserve tempo e dinheiro para investir em você. Tempo é questão de prioridade. Sempre falo isso para as pessoas. Faça bons cursos, participe de palestras, *workshops*, seminários e reuniões de aprendizado, leia bons livros, principalmente da sua área de atuação profissional, assine revistas para se atualizar diariamente. Nesse mundo de conexões tecnológicas e mídias sociais, não podemos nos dar ao luxo de ficar parados, esperando para ver o que vai acontecer. É preciso navegar no conhecimento e utilizá-lo para a conquista das nossas metas.

A melhor maneira de você crescer, evoluir e prosperar é por meio do conhecimento. **Somos verdadeiros diamantes, mas precisamos ser lapidados.** Portanto, invista na pessoa mais especial de sua vida: invista em você. Qualifique-se.

NA ESCOLA DA VIDA, SOMOS AO MESMO TEMPO ALUNOS E PROFESSORES. O BOM É QUE SEMPRE TEREMOS ALGO NOVO A ENSINAR OU APRENDER.

ALGUMAS DICAS PARA APRENDER MAIS

APRENDA COISAS NOVAS DIARIAMENTE.

Uma palavra diferente, um novo jeito de fazer algo que você sempre faz, uma pequena mudança de hábito, cada novo conhecimento pode ter grande valor em sua vida. Procure aprender sempre mais, a cada novo dia. Esse hábito é construído com muita força de vontade.

ANOTE O QUE VOCÊ ESTUDOU E APRENDEU.

Pare para refletir sobre todo o conhecimento adquirido e faça uma lista de seus aprendizados, por mais simples que eles possam parecer. Relacione tudo o que você aprendeu e releia quando achar necessário. Isso ajudará você a tomar consciência da sua evolução.

APRENDA OBSERVANDO AS PESSOAS À SUA VOLTA.

Observe as conversas no seu dia a dia, em casa, na empresa ou em qualquer lugar. Fique atento ao que você tem aprendido de novo, especialmente com os exemplos e comportamentos das pessoas próximas a você. Umas das técnicas que tenho utilizado para aprender é a técnica da observação, que aprendi estudando com um profissional que eu admiro muito, o professor Luiz Marins.

OUÇA SEM JULGAR E MANTENHA A MENTE ABERTA.

Observe como você se relaciona com as outras pessoas. Você se abre para novas opiniões e novos pontos de vista, sem julgamentos prévios? Desenvolver essa habilidade é essencial para absorver novos conhecimentos e compreender mais sobre o mundo e as pessoas.

SEJA CURIOSO.

A curiosidade é fundamental para o aprendizado. Não se acomode quando tiver uma dúvida: atualmente, com os recursos da internet, é fácil pesquisar em poucos minutos sobre qualquer assunto. Aproveite essa facilidade e leia bons livros também, para aprofundar o conhecimento sobre diversos temas. Adquira o hábito de se interessar pelas coisas e saber como funcionam, por que são da forma que são, ou pelas ideias e teorias, como surgiram e o que representam para a humanidade. Ser curioso é muito bom para o seu aprendizado. Procure sempre enriquecer sua mente com novos conhecimentos.

APRENDA VIAJANDO.

Quando viajamos, aprendemos costumes diferentes, entramos em contato com muitas informações novas a cada minuto. Toda viagem turística, além de ser um ótimo remédio para curar o estresse do dia a dia, é uma forma valiosíssima de aprendizado. E as viagens profissionais ou de estudos (ligadas a um treinamento, convenção ou seminário, por exemplo) são grandes oportunidades de aumentar sua experiência e fortalecer sua interação com as pessoas.

APRENDA MAIS A CADA INSTANTE.

Desenvolva uma visão estratégica para sua qualificação, aproveitando todas as situações para aprender algo de novo. Essa atitude vai contribuir para o alcance dos seus objetivos e lhe proporcionará não apenas conhecimento, mas também sabedoria.

> "A mente que se abre a uma nova ideia jamais volta ao seu tamanho original."
> (Albert Einstein)

PÉROLAS DO APRENDIZADO.

A nossa capacidade de aprender todos os dias nos mantém ativos, motivados e em constante atualização.

É necessário nos redescobrir diariamente, manter nossa mente em aquecimento. Alimentamos nosso corpo com comida de três em três horas seguindo as recomendações da nossa nutricionista. A nossa mente também precisa ser alimentada e nutrida com boas mensagens, conhecimentos e estímulos diariamente.

A MELHORIA PRECISA SER CONTÍNUA.

Quando você busca melhorar a cada passo que dá, você não entra na zona de conforto, não se fossiliza. Tenho visto muitas pessoas paralisadas, deixando o tempo passar sem construir seu verdadeiro legado.

Para construir é necessário destruir as coisas que o fazem paralisar, incluo nesta lista hábitos negativos, rotinas que não trazem crescimentos e pessoas que não somam no seu aprendizado, crescimento e, principalmente, na sua felicidade.

QUALIFICAÇÃO PROFISSIONAL: INVISTA EM VOCÊ

Minha dica de ouro: **NUNCA PARE DE APRENDER!**

Quanto mais você aprender, mais motivado ficará em busca dos seus objetivos pessoais e profissionais, facilitando assim a realização dos seus SONHOS.

INSPIRAÇÃO VEM DOS OUTROS.
MOTIVAÇÃO VEM DE DENTRO DE NÓS.

Não há alta performance sem uma alta capacidade de cognição. Preocupe-se em aprender e a evolução virá naturalmente. Diante de uma dificuldade, substitua o "eu não consigo" pelo vou "tentar outra vez". Portanto:

- ✓ Pare de reclamar, mude o que pode ser mudado;
- ✓ Informe-se sobre possibilidades de crescimento na empresa;
- ✓ Saiba gerenciar suas emoções;
- ✓ Aprenda e desenvolva suas habilidades continuamente;
- ✓ Saiba trabalhar em equipe;
- ✓ Assuma responsabilidades;
- ✓ Estabeleça a cultura do aprendizado na sua vida;
- ✓ Invista no planejamento tático e estratégico da sua vida;
- ✓ Tenha iniciativa para ser diferente;
- ✓ Inspire pelo exemplo;
- ✓ Valorize suas conquistas;
- ✓ Gere resultados, quanto mais resultados você gera, mais peso terá uma ideia, sugestão ou opinião;
- ➢ Conquiste as pessoas pela sua empatia e carisma;
- ➢ Esteja sempre ao lado de pessoas positivas e de sucesso.

MANTENHA O FOCO

> "Você precisa manter o foco em sua jornada para realizar grandes coisas."
>
> **(Les Brown)**

No mundo atual somos atraídos por vários apelos ao mesmo tempo. A cada minuto do nosso dia a dia recebemos informações que não param de chegar, pelos inúmeros meios de comunicação que a tecnologia torna disponíveis a todos. Enquanto estamos tratando de um assunto, chegam mensagens por e-mail, WhatsApp, Facebook, telefone, jornais e revistas, TV, rádio... estamos conectados o tempo todo. Isso é ótimo e precisamos mesmo estar atualizados, porém, aumenta a dificuldade de mantermos o foco no que precisamos fazer. Este é um desafio do mundo de hoje que muitos profissionais estão tendo dificuldade em superar. Para trilhar um caminho de sucesso, é importante organizar os passos que pretendemos dar e manter a atenção na trajetória correta, que conduzirá ao nosso objetivo. O foco define a sua sorte. Se você almeja uma vitória, é preciso ter foco.

O foco vai ser decisivo para que você alcance os resultados que planejou. Para isso, é preciso conhecer bem o alvo e se concentrar firmemente nele. Dar foco em alguns objetivos de cada vez é concentrar e direcionar toda a energia para o alvo.

Muitas organizações incentivam a multifuncionalidade, adotando o conceito de que o profissional tem que fazer várias coisas ao mesmo tempo, porém, em alguns casos, isso acaba favorecendo a perda de foco nas atividades. Não estou defendendo a ideia de que o profissional deve se especializar totalmente, a ponto de cuidar apenas das suas atribuições, mas acredito que uma atividade realizada com foco tem mais possibilidade de ser realizada com sucesso.

O desafio do foco tornou-se mais difícil nos tempos atuais. É preciso estar atento a um conjunto cada vez maior de acontecimentos ao nosso redor, mantendo-se alerta aos fatores que possam auxiliar ou ameaçar os nossos objetivos. Há alguns anos, em um treinamento comportamental, escutei uma frase de impacto que nunca esqueci. Ela faz parte da letra de uma composição do cantor de *rap* Projota:

> **"Mantenha o foco no objetivo,
> centralize a força para lutar,
> utilize a fé para vencer."**

Frases como esta mostram claramente que o foco é o começo da caminhada rumo à vitória. Assim também ocorre em nossa vida. Temos vários objetivos, no entanto, muitas vezes ficamos perdidos, sem saber como alcançá-los. Perdemos muito tempo esperando e analisando, às vezes até caímos no piloto automático de uma rota indefinida, que tem grandes chances de nos levar a lugar nenhum, porque não se definiu um foco.

Sem foco, não conseguimos desenvolver ações que gerem resultados satisfatórios. Há empresários ou profissionais que realizam ações de qualquer forma, sem direcionamento, foco e resultado. Em algumas organizações que não possuem foco, pode-se observar que, pela manhã, as pessoas estão perseguindo algumas metas e, de tarde, as metas são outras, já que ninguém consegue manter uma linha estratégica, por não agir com objetivos definidos.

Sem foco, a empresa perde tempo, não sabe exatamente o que fazer. Por isso, perde a capacidade de decidir com precisão. É impressionante a quantidade de energia gasta por líderes e subordinados que não têm foco. Para que a energia desses profissionais seja aproveitada em ações que gerem resultados, essas ações necessitam de foco.

> **"Se um navio errar um grau em sua rota, chegará ao continente errado, ao fim da viagem, pois o foco é o que permite atingir o alvo, chegar ao destino desejado." (Carlos Hilsdorf)**

DE OLHO NA ESTRADA

Vamos imaginar um carro em movimento à noite. O condutor desse carro é você. Seu destino é chegar à sua casa, onde seus filhos e sua esposa o esperam. Detalhe importante: nessa noite você está completando aniversário de casamento. Geralmente, os homens não decoram essa data, mas as mulheres, sim. Imagine agora que sua esposa preparou um belo jantar em comemoração a essa data especial e avisou isso a

"SE UM NAVIO ERRAR UM GRAU EM SUA ROTA, CHEGARÁ AO CONTINENTE ERRADO, AO FIM DA VIAGEM, POIS O FOCO É O QUE PERMITE ATINGIR O ALVO, CHEGAR AO DESTINO DESEJADO." (CARLOS HILSDORF) você, com uma voz amorosa, durante o café da manhã. Esse é um super motivo para que você, pai e marido, chegue em casa na hora certa.

O fato de estar dirigindo seu carro no rumo de casa é uma ação. Entretanto, enquanto dirige você atende ao telefonema de um amigo convidando-o para passar no barzinho que vocês costumam frequentar, pois um outro amigo da turma está fazendo aniversário. Então você resolve dar uma parada ali e brindar com seus amigos. A essa altura, sua esposa aguarda você para o jantar, mas a conversa no bar vai ficando animada, você acaba bebendo um pouco mais e se esquece do horário que havia combinado com ela. Diante deste cenário, podemos perceber que a história não termina bem...

Vamos analisar essa situação, falando de foco e do objetivo traçado no início do dia entre você e sua esposa.

PERDA DE FOCO: todo marido sabe que as mulheres, quando se preparam para um compromisso à noite, passam o dia todo imaginando como será. Primeiro erro do marido: ter atendido ao convite do seu amigo e sair do seu foco, que era o jantar de aniversário de casamento. Para você, talvez não seja a data mais importante, mas para sua esposa você sabe que é.

DESCUMPRIMENTO DE TRATO: quando se define horário, é preciso cumprir, porque nesse momento se firmou um acordo entre duas ou mais pessoas.

RISCO DESNECESSÁRIO: você como condutor, dirigindo à noite, precisava manter o foco na estrada, mas atendeu o celular enquanto dirigia e parou para beber, continuando a dirigir depois disso. Assim fazendo, arriscou-se a um acidente com o carro. Fazendo o trajeto com segurança, você teria sucesso em três coisas: (a) chegar em casa são e salvo; (b) ver seus amados filhos; (c) comemorar com sua esposa o aniversário de casamento.

RESULTADO NEGATIVO: o que poderia ter sido uma noite agradável e espetacular foi um desastre, pois a falta de foco na ação planejada gerou um resultado negativo. Manter o foco na ação planejada é essencial para que os resultados sejam alcançados.

Até os sentimentos tendem a crescer, quando são colocados em foco. Se você alimentar o ódio e o rancor no seu coração, possivelmente será uma pessoa amargurada. Se você alimenta seu coração com amor, gratidão e bondade, terá paz interior e será capaz de ter uma vida feliz e harmoniosa.

DICAS PARA MANTER O FOCO

TER FOCO É...

Saber exatamente aonde se deseja chegar.

Estabelecer metas claras que o levem ao lugar desejado.

Ter consciência das suas prioridades.

Não perder tempo com coisas banais.

Fugir de armadilhas que o afastam da sua meta.

Dizer não quando necessário.

Recusar o desvio.

Ter um mapa para se orientar.

Ser perseverante e não desistir.

■ PRIORIZE O QUE VOCÊ MAIS QUER

Leve em consideração que seguir ao mesmo tempo muitos objetivos pode dispersar o foco e a energia para as suas realizações. Transforme esses objetivos em metas, especificando o que, como, quando e por quê. Por exemplo: se você quer manter uma família estável e unida, com harmonia e felicidade, você precisa se desviar de alguns convites noturnos, após expedientes de trabalho.

Outro exemplo: se você quer começar a fazer exercícios regulares, uma meta específica seria cumprir um programa de atividades físicas três vezes por semana, durante uma hora, para cuidar melhor da sua saúde. E não marcar outros compromissos nesses horários, para se dedicar de verdade ao plano traçado.

Não tenha focos em demasia. O ideal é ter um ou dois objetivos principais para cada papel que desempenhamos: na profissão, na família, no relacionamento, nas amizades, sem se esquecer de você mesmo, sua saúde, seu intelecto e seu bem-estar. Dessa forma, nenhuma área importante da nossa vida foi esquecida.

Comece fazendo uma lista dos principais papéis da sua vida e, depois disso, escreva detalhadamente os objetivos para cada função que você exerce. Em seguida, transforme cada objetivo em meta.

Vamos para outro exemplo importante em nossa reflexão. Suponha que você queira comprar um carro zero quilômetro da Ford. É um sonho seu e você quer realizar. Primeiro, é necessário estabelecer uma meta com data específica para a chegada do carro. Outro fator importante é a estratégia que você vai traçar para alcançar essa meta sem perder o foco. Tenho sugerido, para algumas pessoas, ações que permitam alcançar esse objetivo. Se você é assalariado, vai demorar para juntar o dinheiro e adquirir o carro à vista, embora esta opção fosse a mais indicada, pois em uma compra à vista podemos ter descontos especiais e pagar um valor menor. Caso você não tenha o valor do carro, é importante ir juntando o dinheiro aos poucos em uma poupança, economizando parte do seu salário. Uma boa alternativa é fazer um consórcio e ir pagando aos poucos. Depois de algum tempo, quase todo o valor do carro já estará pago, e você pode também fazer um lance para agilizar a retirada do veículo, mas para que isso aconteça é preciso que você tenha se disciplinado, mantendo o foco na poupança e juntando o valor em espécie. Durante esse percurso, é necessário foco total. Pode até aparecer a oportunidade de comprar um carro de outra marca, financiado, novo ou de segunda mão, mas é necessário manter o foco no objetivo de tirar carro zero quilômetro da Ford. Observe que podem surgir distrações no percurso. Você precisa focar no objetivo principal e, em alguns momentos, dizer não a outros apelos que podem tirar você do foco.

FOCO NO TRABALHO
No início de cada dia, é importante renovar a motivação para o trabalho, canalizando nossas energias para atingir resultados. Tem gente que gosta de dizer que detesta as segundas-feiras e acha engraçado falar mal do trabalho, como se fosse algo ruim. Feliz de quem trabalha. Quem não gosta do que faz precisa urgentemente reavaliar sua opção profissional. Talvez seja o caso de capacitar-se para o que gosta realmente, ou então valorizar o que já tem, e dedicar-se com mais amor à sua profissão.

Gostar do que se faz é mais importante do que fazer o que se gosta.

O primeiro passo é avaliar a importância de cada atividade que precisa ser desenvolvida para que você ou a empresa conquistem as metas estabelecidas.

Também é importante compreender que sempre haverá adversidades a serem superadas. Em alguns dias, será mais difícil suportar a pressão do trabalho. Às vezes, várias coisas negativas acontecem de uma vez só, mas entenda que a vida é assim. No trabalho e em todos os lugares, existem problemas e nós temos capacidade de resolvê-los. Quando existe a determinação de solucioná-los, eles sempre se resolvem e tudo volta ao normal.

Tenho visto diversos profissionais perderem o foco do trabalho, porque se desviaram do rumo traçado quando surgiram as primeiras dificuldades. Muitas vezes, temos que fazer tarefas de que não gostamos

GOSTAR DO QUE SE FAZ É MAIS IMPORTANTE DO QUE FAZER O QUE SE GOSTA.

de fazer, mas se forem ações necessárias para alcançarmos as nossas metas, basta que nosso pensamento esteja voltado para o resultado. Assim veremos que vale a pena dar alguns passos mais difíceis.

A motivação é um combustível essencial para evitar que nossas ações saiam do trilho. Na área de vendas, muitos profissionais perdem o foco por falta de motivação. Às vezes se contentam com pouco, muitos não conseguem nem bater a meta estabelecida pela empresa e um dos motivos é a falta de foco no trabalho.

Um exemplo interessante disso é a história de um funcionário encarregado de entregar os produtos de uma farmácia na casa dos clientes que compravam pelo telefone. Todas as vezes que ia entregar um remédio, ele parava no barzinho para tomar uma dose de cachaça. Era um problema de alcoolismo que ele não conseguia combater, e fazia isso inicialmente de um modo discreto, tanto que as pessoas da farmácia nem imaginavam tamanha irresponsabilidade, falta de comprometimento com o cliente e com a empresa. Foco zero com o trabalho. Mas essas coisas sempre vêm à tona, mais dia, menos dia. Uma vez, esse vendedor saiu para entregar um remédio e demorou tanto que a cliente começou a telefonar para a loja, irritada com a demora. "O entregador está a caminho, senhora." Essa resposta era repetida a cada telefonema que ela dava, até que a cliente irritada ligou novamente, cancelando o pedido. Decidira ligar para outra farmácia. Nesse momento, por ordem do gerente, saiu à rua outro funcionário, encarregado de saber o que tinha acontecido com o entregador: estava em um barzinho, bebendo. Fica a seu critério, leitor, imaginar o que aconteceu com esse funcionário. Tomara que, mesmo perdendo o emprego, tenha procurado ajuda terapêutica, em um grupo de A.A (Alcoólicos Anônimos).

O caso do entregador alcoólatra é um exemplo radical. Mas há pequenos desvios, distrações, preocupações ou manias que prejudicam o rendimento das pessoas no trabalho. Para não perder o foco, melhore o seu comprometimento. Evite ações que o dispersem desse foco e faça seu trabalho com precisão, dedicação e responsabilidade.

OUTRAS DICAS IMPORTANTES
- Mantenha suas coisas organizadas. Coloque sempre os arquivos e documentos nos seus devidos lugares. Quem não faz isso, perde um tempo valioso procurando por uma informação que anotou e não sabe onde;
- Faça uma atividade por vez. Você pode ter várias ações agenda-

das, mas no momento em que estiver fazendo uma coisa, dedique-se a ela inteiramente. É uma ilusão pensar que fazer várias coisas ao mesmo tempo dá rapidez ao trabalho. Pelo contrário, cada vez que você muda o que está fazendo, mesmo que você não perceba, o seu cérebro precisa de algum tempo para se alinhar à nova tarefa;
- Reserve um espaço para os imprevistos. Alguns acidentes de percurso podem atrapalhar seus planos. Exemplos: reunião extra, atraso de alguém da equipe, trânsito congestionado, problema familiar a ser resolvido, problema de saúde, entre outros imprevistos;
- Evite interrupções. Descarte qualquer coisa que tirar você do foco. Se você planejou a atividade e tem prazo e horário, evite passar muito tempo no celular, e-mails, internet, ou com colegas de trabalho, chefe, amigos e até a família.

COMO EVITAR INTERRUPÇÕES?
- Aprenda a dizer "não". Quando for necessário dizer "não", basta fazer isso com gentileza e educação, porém com firmeza. Negar alguma coisa não é necessariamente uma indelicadeza. Diga de forma polida que naquele momento não é possível parar o que está fazendo, mas que vai fazer isso em outra oportunidade, logo que possível. Durante uma reunião ou uma tarefa que exija atenção total, deixe essa mensagem gravada no seu telefone. O jeito de lidar com a situação é determinante para que as pessoas não se frustrem;
- Avise que não pode ser interrompido. Em determinada hora, se as coisas apertarem durante uma atividade de grande importância, avise às pessoas com as quais trabalha que você precisa de foco e não poderá sofrer interrupção alguma;
- Defina quando pode ser interrompido. Faça uma lista de pessoas que podem, a qualquer momento, pedir sua atenção, como o chefe, um cliente específico e a esposa. Assim será mais fácil filtrar as interrupções.

UMA PERGUNTA AO DR. FOCO
– Por que as pessoas perdem o foco com tanta facilidade?
Fiz essa pergunta ao professor **Luiz Marins**, conceituado escritor

e palestrante, conhecido como Dr. Foco, e ele me deu uma resposta que começou com a seguinte frase:

– Acredito que a resposta esteja na falta de uma estratégia bem definida, e também a falta de disciplina tem colaborado bastante para isso.

A partir dessa conversa com o Dr. Foco, analisei o tema e concluí que essa característica é realmente difícil, mas que somos capazes de conquistá-la. A disciplina é uma "cola" que faz todas as coisas funcionarem. Sem ela, relaxamos e perdemos a linha do horizonte. Todos os anos, principalmente no réveillon, as pessoas fazem promessas, estabelecem metas e acabam não cumprindo muitas delas, geralmente por pura falta de disciplina.

Tenho trabalhado com muitos profissionais e já vi grandes talentos se perderem por falta de foco: alguns não têm uma estratégia, outros não cuidam de desenvolver suas competências e outros ainda não sabem trabalhar com dedicação.

Parabéns!

Você chegou ao fim deste capítulo e continua focado.

Agora, responda para você mesmo:

– Você está focado no que é realmente importante?

– Sabe quais são as suas prioridades?

– Está desenvolvendo habilidades que fortaleçam a sua estratégia?

– Anota seus objetivos e metas?

– Dedica-se às ações planejadas sem perder o foco?

O PERFIL EMPREENDEDOR DE SUCESSO

"Transformar ideias em projetos e estes em ações é para pessoas empreendedoras. Se não o fizer, alguém o fará e você passará a ser um mero expectador do sucesso."

(Roberto Rabello)

A sociedade atual vem se transformando com uma velocidade assustadora e necessita cada vez mais de pessoas com espírito empreendedor. Em decorrência das rápidas transformações que ocorrem na história da humanidade, principalmente a partir dos avanços tecnológicos e suas consequências no dia a dia da população, surgem novas demandas no mercado que precisam ser trabalhadas com novos paradigmas. Pense na tecnologia, por exemplo, e no que ela tem trazido de novidade, desde o início do século XXI. Tudo isso resulta em novos cenários, competição acirrada, clientes mais exigentes, cidadãos mais bem informados e em grandes oportunidades de empreendimentos inovadores.

Os desafios se tornaram constantes com o advento da globalização e com a consolidação das redes sociais, o que provocou a concorrência entre os profissionais e as empresas. Isso porque os produtos estão ficando cada vez mais semelhantes, os preços se nivelam e a qualidade passa a ser a exigência mínima para se competir no mercado local, regional, nacional e, principalmente, internacional.

O empreendedor traz nos olhos a paixão pelo trabalho, e paixão faz toda diferença no mercado. Quando você faz algo sem paixão, logo perde o entusiasmo e os pequenos problemas se tornam grandes. E quem tem paixão pelo que faz nunca perde o entusiasmo; os problemas que surgem à sua frente são vistos como oportunidades de superação e crescimento.

Além da paixão, a ousadia é uma das qualidades do novo empreendedor. O mundo pertence aos ousados, pessoas que tiram do pensamento ideias e projetos e os colocam em ação, transformando sonhos em realidades.

> O novo empreendedor tem seu pensamento focado na excelência, tanto no produto, quanto no atendimento. Ele sabe o caminho que deve tomar, porque aprendeu a trabalhar com riscos calculados. Mesmo vendo riscos para o seu empreendimento, ele não desiste: vai atrás, planeja, estuda e está sempre se reinventando.

"Nós não sabemos quem realmente somos até que possamos ver o que somos capazes de fazer." (Martha Grimes)

ESTUDO FEITO PELA ONU – ORGANIZAÇÃO DAS NAÇÕES UNIDAS

Tenho tido a oportunidade de fazer ótimos treinamentos na minha vida. Um dos mais interessantes foi desenvolvido pela Organização das Nações Unidas (ONU), e aplicado pelo Sebrae, denominado Empretec. Este treinamento foi um divisor de águas em minha vida.

Durante aproximadamente nove dias, foram aplicadas doze características comportamentais do empreendedor, com base em uma pesquisa realizada por David McClelland. Ele estudou inúmeras pessoas de sucesso e selecionou a essência comportamental de sucesso desses empreendedores.

Tenho o prazer, agora, de compartilhar com o leitor algumas das características apresentadas no seminário Empretec, somadas a outras que também considero essenciais nos empreendedores bem-sucedidos.

HONESTIDADE

Sem dúvida, a honestidade é uma das maiores qualidades para o sucesso. Desenvolver uma cultura de honestidade, tanto consigo mes-

"NÓS NÃO SABEMOS QUEM REALMENTE SOMOS ATÉ QUE POSSAMOS VER O QUE SOMOS CAPAZES DE FAZER."
(MARTHA GRIMES)

mo como com seus clientes, é um passo fundamental para atingir resultados no seu negócio.

CRIATIVIDADE

Desenvolver o seu lado criativo ajudará a buscar sempre o melhor e a apresentar um diferencial no seu mercado.

QUALIDADE E EFICIÊNCIA

Fazer sempre mais e melhor. Satisfazer ou superar as expectativas de prazos e padrões de qualidade.

BUSCA DE OPORTUNIDADES E INICIATIVA

Capacidade de se antecipar aos fatos e criar oportunidades de negócios com novos produtos e serviços.

PERSUASÃO E REDE DE CONTATOS

Usar estratégias para influenciar e persuadir outras pessoas. Manter contato com pessoas chaves, relacionadas ou não com o negócio, que ajudem a atingir os objetivos.

BUSCA DE INFORMAÇÕES

Busca constante de dados sobre clientes, fornecedores, concorrentes e sobre o próprio negócio.

PERSISTÊNCIA

Existem inúmeros benefícios para se tornar um empreendedor, porém, a realidade mostra que também existirão momentos difíceis nesta jornada. Nem toda ideia vai funcionar perfeitamente da primeira vez. Aí é que entra a persistência: o empreendedor de sucesso enfrenta os obstáculos e busca, a todo custo, o sucesso. Seu lema é: "Desistir jamais!"

DETERMINAÇÃO

Junto com a persistência de um campeão, um empreendedor deve ter muita determinação. Podemos chamar o empreendedor determinado de "O escalador do Everest".

INDEPENDÊNCIA

Todas as pessoas que um dia se tornaram empreendedoras têm como objetivo conquistar sua independência profissional e financeira. Mas essa característica deve ser apresentada em cada passo que o empreendedor de sucesso dá, já que a independência está ligada diretamente à confiança em si mesmo e nos produtos e serviços que oferece.

AUTOCONFIANÇA

O fator-chave da independência é a autoconfiança. Este é o principal ingrediente na construção e desenvolvimento de uma ideia, projeto ou negócio inicial. Se a pessoa não acredita na própria capacidade de conseguir, quem acreditará?

TOLERÂNCIA

Não basta ter uma boa ideia para que o negócio seja um sucesso. O empreendedor deve ser capaz de assumir riscos medidos e de aceitar a possibilidade de falhas. Se houver fracasso momentâneo, é possível aprender com os seus próprios erros, e assim poder desenvolver uma melhor estratégia para virar o jogo.

COMPROMISSO

Empreendedorismo exige muito trabalho, suor e, finalmente, compromisso com o projeto. Disposição para sacrificar fins de semana e atravessar noites trabalhando são atitudes que levarão um empreendedor à conquista do sucesso. Por outro lado, iludir-se achando que um mínimo de esforço e apenas uma boa ideia serão suficientes para ter sucesso, é a mesma coisa que planejar ganhar na loteria sem fazer a aposta.

VISÃO DE ÁGUIA

Um empreendedor não é nada sem a capacidade de visualizar a diferença. Um dos principais segredos do seu sucesso é ser capaz de identificar uma necessidade e vislumbrar uma solução. Ele olha o que todo mundo olha e enxerga oportunidades que poucos visualizam.

ESTABELECIMENTO DE METAS

Saber estabelecer objetivos que sejam claros para a empresa, a curto e longo prazos. Quando estamos motivados por metas que têm significados profundos, por sonhos que precisam ser realizados, ou por puro amor que precisa se expressar, então nós vivemos verdadeiramente a vida.

ORGANIZAÇÃO

Os empreendedores têm o prazer supremo de perseguir seus objetivos. No entanto, eles também se deparam com a tarefa de lidar com todos os aspectos da gestão de um negócio, o que pode não ser do seu interesse. Nessa hora, é preciso muita organização para superar esses desafios de gestão, até que seja possível delegar as tarefas que não são tão gratificantes para você.

PLANEJAMENTO E MONITORAMENTO SISTEMÁTICOS

Organização de tarefas de maneira objetiva, com prazos definidos, a fim de que possam ter os resultados medidos e avaliados. Um planejamento cuidadoso é capaz de vencer quase todas as dificuldades.

Bom, agora que você já sabe quais são as qualidades comuns entre os empreendedores de sucesso, faça uma autocrítica e veja quais você realmente possui e quais precisam ser trabalhadas e desenvolvidas para conquistar a sua própria história de sucesso.

> "Existem três tipos de empresas e de pessoas. As que fazem as coisas acontecerem, as que ficam vendo as coisas acontecerem e as que se perguntam: o que aconteceu?"
> (Philip Kotler)

EMPREENDER É CONSTRUIR UM LEGADO

Estamos em um mundo de transformações permanentes. Quem não mudar correrá o risco de ficar fossilizado. Quando nos inserimos no mercado, precisamos nos posicionar, conquistando clientes, mostrando os produtos e serviços.

Os profissionais e empreendedores de sucesso não param no tempo, eles aprendem tudo sobre seu segmento, estão sempre inovando e buscando estratégias de vendas.

Não é fácil fazer sucesso, mais difícil ainda é permanecer no topo. Para os empreendedores de sucesso, a corrida no mercado não é uma corrida de 100 metros, é, na verdade, uma maratona. Cada quilômetro precisa ser comemorado, pois a jornada é de longa distância.

Quando vir um empreendedor vendendo em uma barraca pequena seus produtos, parabenize e, na oportunidade, incentive comprando os produtos. Saiba que todo empreendimento tem uma história de superação. Na certeza de que todo legado é construído com dedicação, trabalho e muito suor.

EMPREENDEDORES QUE SE DESTACAM

Sabe o que vejo em empreendedores que se destacam? Eles não desistem com facilidade, são persistentes, ativos e estão sempre procurando fazer o seu melhor. Tenho acompanhado, orientado e motivado diversos desses empreendedores (a). Muitos deles estão inovando, crescendo e prosperando em suas atividades. Sabe por quê? São pessoas que trabalham bastante, não se contentam com resultados medianos. Quando pensam que essas pessoas vão dar uma parada, lá vem um novo projeto, uma inovação, um novo empreendimento. Eles surpreendem com resultados.

Muitos investidores têm acreditado em nossa região, e isso é muito bom. Mas uma certeza eu tenho, somente os melhores sobreviverão em um mercado que está cada vez mais competitivo.

Os profissionais e empreendedores que se destacam sabem disso e não param no tempo, eles entregam qualidade em seus produtos e serviços. Em suas empresas, o atendimento é diferenciado, na certeza de que o cliente é o maior patrimônio.

"Arrisque sempre mais do que a maioria; sonhe sempre mais alto do que os outros." (Howard Schultz)

DESENVOLVA SUA LIDERANÇA

"Grandes líderes mudam de estilo para levantar a autoestima de suas equipes. Se as pessoas acreditam nelas mesmas, é impressionante o que elas conseguem realizar."

(Sam Walton)

Com tantas mudanças ocorrendo no mercado, o profissional tem que estar sempre atento às inovações. Antigamente, as mudanças eram mais lentas. Hoje, acompanhar o progresso exige de um líder muita dedicação, comprometimento e estudo constante, além da capacidade de transmitir essas mudanças aos seus liderados. As empresas não querem mais pessoas que saibam apenas gerenciar processos, sistemas e procedimentos. A sua organização quer que você entenda de pessoas e promova mudanças. Certamente você já assiste a esse filme todos os dias, se já exerce uma função de liderança ou se está batalhando para crescer em sua carreira. Mesmo que ainda não tenha se dado conta ou não queira, você precisará capacitar-se como líder, para se manter e continuar crescendo. Não há outro caminho.

A habilidade de liderar, além de ser uma exigência do mercado, é fundamental para se posicionar no mercado e para aumentar seu desempenho profissional. As empresas precisam de líderes que tenham foco no trabalho em equipe e apresentem resultados. Porém, não é fácil transformar-se em um grande líder. Por mais preparado que você esteja nos conhecimentos técnicos necessários em seu campo de atividades, isso não garantirá o seu sucesso em uma função de liderança.

Muitos teóricos diziam que o líder já nascia pronto, ou seja, que algumas pessoas já nasciam com as características genéticas para se tornar um líder. Mas esse conceito mudou. Nos dias de hoje, a maior parte dos especialistas defende que a liderança é uma habilidade desenvolvida pelo profissional, conquistada pelo aperfeiçoamento e pela modelagem. Pode ser que algumas pessoas já nasçam com uma predisposição direcionada para atuar como líder, mas, no contexto geral, todos podem desenvolver essas habilidades, lapidando com o tempo a arte de liderar equipes de alto desempenho.

Portanto, essa é a boa notícia: sua capacidade para a liderança pode ser desenvolvida, aperfeiçoada, e o meio em que você vive é essencial para a evolução dessa habilidade. O grande desafio é dispor tempo e dedicação para aprender, quebrar paradigmas e reaprender.

Desenvolver as próprias habilidades de liderança é um investimento importantíssimo que você pode fazer para o seu crescimento pessoal e profissional, não somente porque os líderes ganham mais, mas principalmente porque ser líder é fundamental para desempenharmos o papel de agentes de transformação, interferindo na vida dos liderados de forma positiva, ajudando-os a alcançarem seus objetivos e motivando cada um a descobrir seu talento. Assim estaremos fazendo diferença.

COMO DESENVOLVER SUA CAPACIDADE DE LIDERAR

Para nos desenvolvermos em qualquer área, antes de tudo precisamos nos conhecer. O autoconhecimento nos permite perceber, de forma gradativa, tudo que necessitamos transformar. Só assim podemos descobrir nossos pontos fortes e nossas limitações.

Ao longo da vida, acumulamos crenças a respeito de nós mesmos e do mundo, que automaticamente passam a acionar nossas atitudes. Muitas vezes, nem percebemos que essas crenças determinam nossas escolhas e reações. Elas podem ter aspecto positivo quando nos estimulam a agir e, assim, proporcionam crescimento. Por outro lado, quando nos fixamos em algumas delas e nos recusamos a refletir e a mudar, sua ação é negativa. Se a pessoa não percebe que está sendo conduzida por crenças, é pouco provável que consiga mudar.

Quando tomamos consciência dessas crenças, são maiores as possibilidades de mudança e torna-se mais fácil adquirir as habilidades de liderança. Esse processo exige que a gente se liberte de alguns hábitos e atitudes, bem como aprenda outros que realmente sejam favoráveis ao desenvolvimento pessoal.

Tenha sempre em mente que o conhecimento é uma base forte para o líder. Toda atividade profissional, em nível de liderança, exige conhecimento profundo especializado. Porém, liderar uma equipe exige mais do que conhecimento. Saber ouvir e se comunicar de forma precisa e eficaz, por exemplo, são habilidades essenciais para o líder bem-sucedido.

Nesse processo de aprimoramento, é necessário um planejamento pessoal, com metas bem estabelecidas e um monitoramento para não se desviar do foco.

As habilidades necessárias para você se tornar um líder fazem parte dos princípios de gestão de pessoas. Uma das mais importantes é a arte de motivar os integrantes da equipe, porque cada ser humano é diferente. O líder deve ter essa consciência, descobrir em cada pessoa seu talento, promover o aperfeiçoamento dessa pessoa e ajudá-la a alcançar o sucesso. Quando você estiver nesse nível, estará sendo um líder eficaz.

Certamente você já participou de vários trabalhos em grupo, no ensino secundário ou superior, em grupos de jovens e nas equipes organizacionais. Essa experiência pode ajudá-lo muito a desenvolver sua liderança. Aplique essa ferramenta com seus liderados.

> "O bom profissional é aquele que nunca acha que o que conquistou é o bastante, que sempre quer algo mais, que está disposto a sacrifícios individuais em nome de um objetivo coletivo. E o bom líder é aquele que consegue incutir esse questionamento em seus colaboradores." (Bernardinho)

ATRIBUTOS DO VERDADEIRO LÍDER

O LÍDER PRECISA SER PROATIVO E UNIR PESSOAS COM UM OBJETIVO EM FOCO. Nesse sentido, o estabelecimento de metas para o líder e seus liderados é essencial. Sem metas a serem alcançadas, as pessoas tendem a se acomodar na zona de conforto.

O VERDADEIRO LÍDER É APAIXONADO PELO QUE FAZ, É APAIXONADO POR PESSOAS E POR DESAFIOS. A paixão que move o líder o faz não parar. Ele está sempre mudando, corrigindo seu rumo em direção ao seu alvo, para atingir sua meta. A paixão que move o líder é inspiradora, motivando seus liderados a se espelharem nele.

JÁ DIZIA O VELHO DITADO: "A PALAVRA MOVE; O EXEMPLO ARRASTA". Portanto, saiba que você, enquanto líder, vai motivar as pessoas por meio do exemplo das suas ações. Suas atitudes vão interferir diretamente nas atitudes de seus liderados.

SUA EQUIPE SERÁ SEU REFLEXO. Um líder motivador e otimista terá uma equipe motivada e otimista. Um líder negativo e pessimista terá uma equipe negativa e pessimista. Não apenas fale: mostre. Não só peça resultados: gere resultado. Uma equipe de alto desempenho requer um líder de alto desempenho.

O LÍDER NÃO MANDA, ELE DELEGA. Há uma grande diferença nestes dois aspectos. Mandar e deixar o liderado executar uma ação sem direcionamento, sem acompanhamento, é péssimo para ele e para o trabalho em equipe. Já a delegação é diferente: uma ação, quando bem delegada, é acompanhada, monitorada, e os resultados muitas vezes já são previsíveis. O líder acompanha, orienta, ampara os liderados nas horas de dificuldade, não deixa o barco afundar.

O LÍDER FAZ MAIS DO QUE AS PESSOAS ESPERAM DELE. Está sempre disposto a andar um pouco mais, sacrifica-se pelo resultado, abre o coração para as pessoas.

O LÍDER FAZ AS PESSOAS ACREDITAREM EM SI MESMAS, MOVE AS PESSOAS PELA CRENÇA POSITIVA DO AUTOCONHECIMENTO, DA AUTORREALIZAÇÃO. Essa capacidade fortalece o líder, que usa o entusiasmo para idealizar suas ações e motivar pessoas. Ele estimula e orienta, mas, quando necessário, também pressiona a pessoa a dar o melhor de si.

O LÍDER TEM CONSCIÊNCIA DO PODER DA COMUNICAÇÃO. Ele usa todo esse poder para persuadir e convencer as pessoas, seu discurso é eletrizante. Comunica-se de forma eficaz. Suas palavras são simples, mas são impactantes e mobilizadoras, tocam o coração e, por isso, ficam gravadas na memória dos liderados. Esse poder do líder o torna forte e extraordinário. Especialize sua comunicação e melhore a cada dia.

O LÍDER COMPARTILHA OS ACERTOS COM A EQUIPE E ASSUME OS ERROS. Nos acertos, ele dá os méritos a quem realmente merece. Mas caso um subalterno cometa um erro, talvez por incompetência, o líder deve considerar que foi ele quem falhou, assumindo o erro. Não culpa a equipe pelo péssimo desempenho e pelos fracos resultados de uma ação. Se tentar mudar a direção dessa responsabilidade, não continuará liderando e dará insegurança a seus seguidores. O clichê do líder é: "A responsabilidade é minha".

O LÍDER COMEMORA AS VITÓRIAS COM A EQUIPE. Demonstra reconhecimento aos seus colaboradores pela ação bem executada, elogia em público e critica em particular. Sabe que o elogio é uma estratégia poderosa para fazer o colaborador elevar sua autoestima e repetir uma ação desenvolvida com excelência. O reconhecimento é um fator primordial para elevar também a motivação da equipe. O clima entre os liderados fica favorável à harmonia e ao incentivo.

O LÍDER DE SUCESSO COLOCA-SE NO LUGAR DE SEU PESSOAL. É capaz de ver o mundo pelo lado das outras pessoas. Ele não precisa concordar com a visão dos outros, mas deve ser capaz de entender como as pessoas se sentem e compreender seus pontos de vista. Procura ver os sentimentos do outro, suas qualidades e defeitos, sabe que todas as pessoas têm problemas e não fecha os olhos para essas questões, mas procura fazer uma reflexão colocando-se no lugar do liderado.

O LÍDER ENTENDE CADA DETALHE DOS TRABALHOS SOB SUA RESPONSABILIDADE. Toda a diferença está no olhar: às vezes olhamos o macro e esquecemos o micro, ou seja, vemos a floresta, mas não enxergamos a árvore. O líder bem-sucedido sabe que os detalhes somam decisivamente no resultado final. Portanto, cuide dos detalhes: eles farão toda a diferença.

O LÍDER AJUDA SEU COLABORADOR A DESENVOLVER A CONFIANÇA. Acreditar nas pessoas não é suficiente, você tem que ajudá-las a vencer, especialmente durante tempos difíceis. Não adianta o líder estar bem, com carro novo na garagem, e seus liderados passando necessidade com um salário medíocre. Ele precisa ajudar os liderados a vencerem também, a alcançarem seus objetivos.

O LÍDER SE COMPROMETE COM O COMPROMETIMENTO DA EQUIPE. Quanto mais o liderado sentir-se crescendo e se desenvolvendo, mais ele se comprometerá com a organização. Portanto, não podemos esquecer que o comprometimento da equipe é resultado das ações do líder. Não existe uma equipe 100% com um líder 50%. Os resultados serão proporcionais à capacidade de liderança do líder da equipe.

> **"Os líderes são negociantes de esperança."**
> **(Napoleão Bonaparte)**

Qual é o seu perfil como líder?

Todas as pessoas, de alguma forma, são líderes: empresariais, religiosos, políticos, sociais, familiares, todos têm a capacidade de liderança em algum contexto: o empresário proporcionando oportunidades para seu colaborador crescer; o religioso orientando seus fiéis; os políticos falando aos seus correligionários; os pais aos seus filhos; os professores aos seus alunos; o estudante aos colegas do seu grupo de estudos.

A sociedade precisa de líderes que colaborem para o sucesso das pessoas, dos grupos sociais, das organizações, das cidades, dos países e de toda a humanidade. Mas, para exercer com bons resultados o nosso papel de líderes, precisamos nos lapidar, adquirir as habilidades necessárias para motivar cada pessoa a encontrar seu talento, acreditar em si, desenvolver-se e colaborar para o progresso de todos.

Faça uma análise e descubra qual perfil você tem como líder, qual o seu estilo de liderança. Existem alguns testes de perfis de liderança. Escolha o melhor e faça.

> **Autocrático –** O foco é apenas nas tarefas. As decisões são individuais, não se leva em conta a opinião da equipe. O líder deste estilo até ouve seus colaboradores, mas não decide em conjunto.

> **Democrático –** Os liderados participam do processo decisório e as decisões são compartilhadas. O líder deste estilo escuta seus liderados e, na maioria das vezes, antes de uma decisão, consulta também outras pessoas.

> **Liberal** – Os liderados têm liberdade na execução dos projetos. Este estilo de liderança indica uma equipe madura, que não precisa de supervisão constante.

> **Paternalista** – As relações interpessoais são semelhantes às de pai e filho. Este modelo não é indicado para as relações profissionais, por valorizar o indivíduo em detrimento dos objetivos que devem ser alcançados.

Cada estilo tem seus pontos fortes e seus pontos fracos. O essencial é você descobrir qual o seu estilo e trabalhar suas habilidades, fortalecendo seus pontos fortes, para se tornar um líder extraordinário que lidere não pela coerção, mas pelo carisma, pelo exemplo, com atitudes proativas e éticas. Assim fazendo, você vai contagiar as pessoas.

Seja sempre autêntico e natural. Mesmo gerenciando grandes organizações, é importante não perder a naturalidade, mantendo seu equilíbrio racional e, principalmente, emocional.

Exercite seu entusiasmo e sua liderança e contagie sua equipe com energia positiva.

QUALIDADE NÃO É MAIS DIFERENCIAÇÃO COMPETITIVA, É OBRIGAÇÃO

O mercado está mudando em uma velocidade assustadora, em um cenário onde são exigidos atendimento diferenciado, conquista e fidelização de clientes. Precisamos levar em consideração que os produtos estão muito parecidos e os preços similares, e que qualidade não é mais diferenciação, é obrigação.

Se você quer se manter no mercado, seja você um profissional ou empreendedor, você precisa prezar por um serviço de qualidade, mostrando ao seu cliente seu diferencial.

São muitos novos profissionais e empreendedores que estão entrando no seu mercado, a competição está ficando acirrada.

EXERCITE SEU ENTUSIASMO E SUA LIDERANÇA E CONTAGIE SUA EQUIPE COM ENERGIA POSITIVA.

A ESSÊNCIA DOS CAMPEÕES

**Você já se perguntou? Qual seu diferencial?
Se seus serviços estão realmente suprindo as necessidades e superando as expectativas dos seus clientes? Faça isso hoje mesmo!**

Um dos fatores competitivos dos profissionais e empresas de sucesso é a inovação. Tenho estudado esses profissionais e essas empresas e observei que eles prezam pela qualidade e inovação constantemente.

Surpreenda sempre seus clientes, fazendo o que eles não esperam, agindo assim, você estará saindo à frente dos seus concorrentes.

Lembre-se:

- ✓ Qualidade é obrigação para se posicionar no mercado;
- ✓ Crie valor para seus produtos e serviços, faça seu cliente perceber esse diferencial;
- ✓ Inove constantemente, as pessoas adoram novidades;
- ✓ Busque sempre maneiras diferentes de desenvolver melhor o seu trabalho. Seus clientes merecem mais, surpreenda-os;
- ✓ Se você prometeu entregar um produto ou serviço em 5 dias, entregue em 3, faça com rapidez e eficiência. Desenvolva na sua equipe o espírito de servir, mostrando para cada membro que todos os clientes são importantes para a empresa.

O OTIMISTA E O PESSIMISTA

"O otimismo é a fé em ação. Nada se pode levar a efeito sem otimismo."

(Helen Keller)

Qualquer pessoa tem motivos para ser otimista nas diversas situações da vida. Só o fato de estar vivo e com saúde já é um grande motivo. No entanto, são curiosas as reações do ser humano diante de adversidades ou obstáculos. Às vezes, o que temos diante de nós não é necessariamente algo negativo, mas, por ser um cenário novo, que traz desafios, o pessimista tende a interpretá-lo como algo ruim, então recua com receio, fortalecendo os seus sentimentos de medo e frustração. Enquanto isso, diante do mesmo cenário, o otimista se encoraja e enfrenta os desafios com garra, perseverança e ousadia.

O otimismo é uma fonte de alegria e esperança para todos nós. Assim, cabe-nos descobrir os meios para atingir este estado de espírito. Se nós encararmos a vida com otimismo, vivemos de forma mais fácil, com mais alegria, com mais generosidade, mais desprendimento e positividade. Este ponto de vista positivo gera motivação e prazer. Por isso, o otimista está sempre cheio de planos e projetos, é inovador, é empreendedor e contagia todos ao seu redor com alegria e esperança.

O pessimista, por sua vez, costuma armazenar sentimentos de tristeza em seu coração. Geralmente é egoísta, desconfiado, tem perfil conservador e tem medo das mudanças. Qualquer trovão com relâmpago é uma tempestade na vida do pessimista, porque ele tem forte tendência ao negativismo, tanto na mente como no coração. É muito raro ver um sorriso no rosto do pessimista e o mau humor é predominante em sua vida. Como detesta inovar, porque não acredita que algo novo dê certo, ele gosta de fórmulas prontas.

Pessoas que têm coragem de ousar tendem ao otimismo. Não tememos o sofrimento e o fracasso. Sabem que o forte não é aquele que sempre acerta, mas sim aquele que corre o risco de errar e consegue sobreviver às mais duras quedas. Os seres humanos mais felizes suportam bem a dor e costumam ter uma rotina mais criativa e alegre. Seu otimismo leva ao sucesso, pois consideram as eventuais derrotas como um aprendizado que os tornará ainda mais fortes.

Acontece o oposto com o pessimista. Ele fica paralisado, não por convicção, mas por medo. Tem medo porque é pessimista. É pessimista porque tem medo. É como se desejasse que tudo saia errado, só para comprovar – aos outros e a si mesmo – que tinha razão em não acreditar. E assim vai passando pela vida, frustrado, inseguro, acomodado e, o que é pior, cada vez mais invejoso.

DICAS PARA UMA VIDA MELHOR

- ➢ Na rotina do trabalho, é necessário desenvolver o otimismo;
- ➢ Na convivência com a família, é necessário desenvolver o otimismo;
- ➢ Na comunidade, é necessário desenvolver o otimismo.

Mais claro que isso, impossível, não é? Tudo bem, não há dúvida de que o otimismo é melhor para a nossa vida, mas como conseguir manter esse estado de espírito e essa atitude, se muitas vezes a realidade se mostra difícil? Veja estas dicas:

Reclame menos. Algumas pessoas reclamam por tudo e por todos. Se as coisas não são do jeito que você gostaria, não adianta ficar se lamentando. Procure observar algo positivo. Sempre há momentos bons para celebrar, comemorar e se divertir. Encarar os fatos com leveza e espontaneidade é uma grande saída. Não seja tão perfeccionista. Passe a cobrar menos de você.

Evite usar frases como: "eu não consigo", "isso é difícil demais" ou "nunca vai dar certo comigo". Esse tipo de raciocínio programa a sua mente para expectativas e resultados negativos. Procure conhecer a verdadeira dimensão dos problemas. Na maioria das vezes, tendemos a potencializar as situações, estressando-nos de maneira exagerada. Segundo pesquisas, 96% das vezes em que achamos que vai acontecer um problema, nada acontece. Nos 4% em que um problema previsto acontece, ele não tem a intensidade que projetamos.

Pratique esportes. Futebol, voleibol, natação, caminhadas, qualquer esporte que movimente seu corpo. Segundo especialistas, os exercícios físicos estimulam a liberação de endorfina, um tipo de neurotransmissor associado ao bem-estar. Quem movimenta o corpo tem mais saúde e enfrenta os obstáculos com energia, garra e determinação.

Não se leve tão a sério. Desenvolva a capacidade de rir de si próprio. Esta é uma ótima saída para viver de maneira mais descontraída: seja feliz inicialmente com você mesmo. Aceite seus defeitos, mas fortaleça as suas virtudes. Até as rosas mais belas têm seus espinhos. Procure tornar-se mais seguro, investindo na sua autoconfiança.

"Faça sua parte e não se preocupe com os outros. Acredite que Deus também fala com eles, e que eles estão tão empenhados quanto você em descobrir o sentido da vida." (Paulo Coelho)

QUER SER FELIZ OU INFELIZ? A ESCOLHA É SUA.

Pondere bastante ao se decidir, pois é você mesmo que vai carregar o peso das escolhas que fizer. **Você pode...** Ou...

Gostar de ser quem você é, do jeito que você é ou viver infeliz por não ser como você gostaria.

Assumir sua individualidade, reprimir seus talentos e fantasias ou tentar ser o que os outros gostariam que você fosse.

Sair para se divertir, brincar, cantar e dançar ou dizer em tom amargo que já passou da idade ou que essas coisas são fúteis.

Olhar com ternura e respeito para si próprio e para as outras pessoas ou olhar com censura, sem aceitar o jeito de ser do outro nem o seu próprio.

Amar e deixar-se amar incondicionalmente ou ficar lamentando a sua solidão.

Ouvir o seu coração e viver apaixonadamente ou agir somente pela razão e evitar a emoção, tentando analisar e explicar a vida antes de vivê-la.

Com paciência e trabalho, realizar as mudanças necessárias na sua vida e no mundo à sua volta ou deixar como está para ver como é que fica.

Partir para a ação com o pouco que tem e muita vontade de ganhar ou deixar que o medo de perder paralise seus planos.

Encarar a situação difícil como uma grande oportunidade de crescimento que a vida lhe oferece ou amaldiçoar sua sorte.

Admitir que, no fim das contas, sempre é você quem decide o tipo de vida que quer levar ou mentir para si mesmo, achando desculpas e culpados para todas as suas insatisfações.

Escolher o seu destino e caminhar firme em direção a ele, mesmo que haja avanços e retrocessos ou continuar acreditando que seu destino já estava traçado e nada mais lhe resta a fazer senão sofrer.

Viver o presente que a vida lhe dá ou ficar preso a um passado que já acabou ou a um futuro que ainda não veio.

Desfrutar ao máximo o que você é e possui ou sofrer ansiedade e desgosto por não ser ou não possuir tudo o que você gostaria.

Engajar-se no mundo, melhorando a si próprio e, por consequência, tudo que está à sua volta ou esperar que o mundo melhore para que então você possa melhorar.

Celebrar a vida e a energia universal que o criou ou celebrar a morte, aterrorizado com a ideia de pecado e punição.

Comprometer-se com você mesmo e tomar atitudes necessárias para concretizar o seu plano de vida ou continuar escravo da preguiça.

Aprender o que ainda não sabe ou fingir que já sabe tudo e não precisa aprender nada mais.

Ser feliz com a vida como ela é ou passar todo o seu tempo se lamentando pelo que a vida não é.

> O pessimista olha tudo com um olhar negativo, e pequenas barreiras tornam-se grandes muralhas. Enquanto isso, o otimista encara a vida positivamente e faz das tristezas estímulos para dias melhores. O que você prefere para a sua vida?

O PESSIMISTA OLHA TUDO COM UM OLHAR NEGATIVO, E PEQUENAS BARREIRAS TORNAM-SE GRANDES MURALHAS. ENQUANTO ISSO, O OTIMISTA ENCARA A VIDA POSITIVAMENTE E FAZ DAS TRISTEZAS ESTÍMULOS PARA DIAS MELHORES. O QUE VOCÊ PREFERE PARA A SUA VIDA?

SEJA GRATO

> "Se é nova para você a ideia de que a gratidão coloca a sua mente em maior harmonia com as energias criativas do Universo, pense bem nisso, e você verá que é verdade."
>
> **(Wallace Wallter)**

A arte é concebida pelo universo para as pessoas manifestarem a essência humana que pulsa em seus corações. Sentimento interior de retribuição por uma bondade recebida. Assim é a gratidão. A melhor maneira de ancorar os sentimentos de amor para o que você quer experimentar mais em sua vida. O impulso natural de expressar esse sentimento para as outras pessoas é valioso nos dias atuais, porque traz felicidade. A gratidão diminui as frustrações e torna o coração mais tranquilo, com menos ansiedade e menos medo. Olhar para trás com sentimento de gratidão pelo que você já conquistou é uma atitude fundamental para continuarmos andando com fé e coragem.

A maioria das pessoas perde tempo reclamando por aquilo que não tem. Quando deixam de ser gratas por aquilo que já conquistaram, essas pessoas perdem tempo e não enxergam as oportunidades que aparecem no dia a dia. Ocupam muito do seu tempo reclamando da vida e de todos. A gratidão é inimiga da murmuração, da lamentação e da frustração. Não é difícil sair do estado de reclamação e focar na gratidão. Enquanto os fracos só reclamam e se lamentam, o ato de agradecer por tudo o que acontece é uma característica das pessoas fortes. Cada passo em frente é uma etapa para a realização de algo maior e melhor do que a sua situação atual.

VALORIZE CADA MOMENTO

Um dos primeiros treinamentos de que participei, quando ainda muito jovem, foi um curso de auxiliar de enfermagem. Fazendo um estágio durante este curso, estive visitando vários hospitais e tive a oportunidade de conversar com vários pacientes em estado terminal. O que ouvi dessas pessoas foi uma grande lição para mim: elas dariam tudo para voltar à sua vida normal, com suas famílias, seus amigos, mas, por infelicidade, estavam doentes em um leito de uma enfermaria.

Esses pacientes falavam da sua gratidão por terem suas famílias acompanhando esse momento de sua vida e por terem alguns amigos que ainda se importavam com eles. Porém, ao mesmo tempo lamentavam o fato de estarem acamados, sem muita esperança de vida, infelizes por não terem feito o que gostariam quando o coração de cada um pedia. Analisando a situação desses pacientes em estado terminal, aprendi que não devemos perder tempo na vida; temos que valorizar cada momento com sentimento de gratidão e amor.

É impossível acrescentar algo mais à sua vida se você não se sente grato pelo que tem. Lembre-se de que os pensamentos e sentimentos que você emite quando não é grato são emoções negativas. A sensação de que "não é o bastante" contém sentimentos de inveja, amargura, ressentimento e insatisfação.

A PRÁTICA DIÁRIA DA GRATIDÃO É UM DOS CANAIS PELOS QUAIS A PROSPERIDADE VAI CHEGAR ATÉ VOCÊ.

Um dos hábitos que podemos ensinar aos nossos filhos é o poder da gratidão, para que eles sejam gratos por tudo o que ganharem. Já presenciei cenas assim várias vezes. Em uma festinha de aniversário do filho, ao ver que ele recebe um presente de alguém, a mãe lhe diz:

– Agradeça a ele, meu filho, agradeça pelo seu presente.

Essa atitude é essencial para incentivar o hábito do agradecimento nas crianças. Quando se agradece por uma ação recebida de alguém, um sentimento manifestado ou uma palavra amiga, surge sempre uma sensação de felicidade.

PESSOAS GRATAS SÃO MAIS ALEGRES E FELIZES

Um mundo grato é um mundo de pessoas alegres. Quanto mais alegres são as pessoas, mais nós teremos um mundo alegre.

Não espere ser feliz para agradecer pela felicidade. Existe um grande número de pessoas que têm tudo para serem felizes e não são, porque sempre desejam algo a mais e submetem sua felicidade a isso.

Conhecemos também pessoas que passam por várias adversidades, infortúnios pelos quais nós próprios não gostaríamos de passar,

A PRÁTICA DIÁRIA DA GRATIDÃO
É UM DOS CANAIS PELOS QUAIS
A PROSPERIDADE VAI CHEGAR
ATÉ VOCÊ.

e são profundamente felizes. Elas irradiam felicidade. É surpreendente. Por quê? Porque elas são gratas. A gratidão faz com que essas pessoas sejam felizes.

NÃO É A FELICIDADE QUE TRAZ A GRATIDÃO E SIM A GRATIDÃO QUE TRAZ A FELICIDADE.

O Papa Francisco deu um show de humildade e gratidão quando se tornou a maior liderança religiosa do catolicismo e, de início, já foi recusando o estilo de vida em que viveram os papas que o antecederam. Ele não quis as mordomias que eram tradicionais em sua posição, mostrando, assim, para o povo religioso e não religioso, que vivendo com pouco podemos ser felizes. A felicidade não depende das coisas que possuímos, mas do estado de espírito em que nos encontramos.

Não podemos condicionar nossa felicidade aos bens materiais, às coisas que desejamos possuir. Esse sentimento pode trazer frustração para você, caso não alcance o que deseja. Seja grato pelas coisas que já conquistou, mas, acima de tudo, seja grato pelo que você é, como pessoa e como profissional, todos os dias.

FAÇA A SUA LISTA DE GRATIDÕES

Deus nos presenteia sempre com um novo dia, com o nascer do sol, com os cantos dos pássaros, com o alimento saboroso e nutritivo, com o oxigênio que respiramos, com a água que bebemos e, principalmente, com o Dom da Vida. Essas dádivas, por serem rotineiras, não são percebidas pela maioria das pessoas. Nossa vida fica melhor quando percebemos isso e passamos a agradecer diariamente a Deus.

Pense nos motivos que você tem para ser uma pessoa grata e feliz. Para isso, proponho o seguinte exercício: faça uma lista das coisas pelas quais você deve ser grato. Isso vai mudar sua forma de ver a vida e, em consequência, o seu estado mental.

Veja este exemplo:

SEJA GRATO...
- Pela oportunidade de ter nascido;
- Pelo dom da vida;
- Pelo sol que nasce todos os dias;
- Pelo ar que você respira;

- Por sua saúde;
- Por ter ao seu lado uma pessoa que você ama;
- Por seus filhos, pérolas preciosas de sua vida;
- Por seu trabalho;
- Por seu estudo;
- Pela casa onde você mora;
- Por seu empreendimento profissional;
- Pelo aprendizado nas derrotas;
- Pela alegria das vitórias;
- Pela capacidade de andar, correr, falar, comer, dormir;
- Pelas provas e dificuldades que você enfrenta e que o ajudam a ser uma pessoa cada dia melhor, mais forte e mais humilde.

Como eu disse anteriormente, esta lista é apenas um exemplo. É importante que você faça sua própria lista de gratidões.

Sugiro que comece lembrando-se de todas as coisas que o Criador lhe proporcionou.

Coloque primeiro, como motivo principal, a vida que você tem. Por maior que sejam as adversidades que você enfrenta ou enfrentou, só a dádiva de estar vivo já é um grande motivo para agradecer.

Agradeça por sua família, estando perto ou não de você neste momento. Agradeça por seus filhos, sendo ou não como você gostaria que eles fossem. Agradeça por seus pais, estando vivos ou em memória.

Agradeça por sua cidade: lembre-se que, estando ou não como você gostaria, existem cidades que estão passando por calamidades públicas, sendo arrasadas por tornados, furacões e terremotos.

Agradeça até mesmo pelos problemas do dia a dia, que na maioria das vezes trazem importantes ensinamentos para a nossa vida.

Acredito plenamente que a gratidão é como uma fórmula mágica, que faz a vida lhe proporcionar mais coisas positivas. Tudo isso começa em suas próprias atitudes.

TROQUE A RECLAMAÇÃO PELO AGRADECIMENTO

Se existe um motivo para você reclamar, encontre dois ou mais motivos para agradecer. O segredo das pessoas de sucesso está em olhar sempre o lado positivo nas adversidades e buscar soluções para os problemas.

Aquele que não tem problemas não está no meio de nós, por isso agradeça caso eles surjam e não se desespere.

Eu poderia reclamar que precisava vender flau pelas ruas e não poder estudar nos melhores colégios da minha cidade, mas resolvi agradecer por ter a oportunidade de me tornar um vendedor logo no início da minha adolescência, acumulando uma experiência muito rica e valiosa, que até hoje soma no meu aprendizado e nos negócios que fecho com meus clientes.

Nossos pensamentos e nossa consciência sempre nos alertam para levar amor onde haja ódio, perdão onde haja rancor, alegria onde haja mágoa, esperança onde haja desilusões, harmonia onde haja desunião. Por isso, devemos cultivar o sentimento de gratidão e aliviar o nosso coração para sermos multiplicadores dos sentimentos positivos.

Viver não é um sacrifício, viver é um prazer. O que torna a vida de algumas pessoas um sacrifício é como elas vivem a vida, sem amor, dedicação, afeto, carinho, família e, principalmente, sem Deus. Algumas pessoas preferem viver angustiadas, sofrendo, guardando sentimentos, rancor e ódio nos seus corações.

Desenvolva sua gratidão nas orações de todos os dias. Converse com Deus sobre os motivos que você tem para ser grato e não perca tempo se lamentando. Viva a vida com intensidade e amor.

O PODER DA GRATIDÃO

Quer exercitar sua gratidão a partir das lembranças de infância?

Junte fotos da sua família e da sua evolução (pessoal e profissional) ao longo da vida. Cole essas fotos, ou fixe-as em um painel.

Coloque esse painel em um local bem visível e escreva bem grande:

"SOU GRATO".

AMIGO(A)

Está gostando da leitura?

Que ótimo!

Até aqui compartilhei muitas dicas, conhecimento e motivação, que estão enriquecendo e turbinando a sua trajetória pessoal e profissional. A meta é você melhorar seus resultados, buscando estratégias que o ajudarão a se posicionar melhor na vida e no trabalho.

E não vamos parar por aqui!

Agora vou compartilhar com você dicas e mensagens rápidas de motivação e sucesso, que servirão de combustível para você ler todos os dias e ser a sua melhor versão.

Continue comigo.

Boa leitura!

VOCÊ MERECE O TAPETE VERMELHO

DESTAQUE-SE

As pessoas que brilham no tapete vermelho são pessoas ativas, são pessoas de atitude, são pessoas que não aceitam o fracasso como resposta, elas buscam, pesquisam, fazem e empreendem. Estão sempre buscando na sua essência o princípio básico do sucesso, que é ser hoje melhor que ontem e amanhã ser melhor que hoje. Esse é o princípio da melhoria contínua.

As pessoas que se destacam às vezes são elogiadas e enobrecidas pela capacidade de fazer acontecer, de buscar ou criar as oportunidades, mas também são criticadas por aqueles que não têm a capacidade e a vontade de fazer. Geralmente quando as críticas **não são construtivas, são de engenheiros de obras prontas. Ou seja, aquelas pessoas que só aparecem para criticar, falar mal e multiplicar histórias negativas referentes ao seu trabalho. Quando tudo está pronto eles aparecem: "Os críticos de plantão"**.

Lembre-se: essas pessoas não alteram os resultados. Sabe por quê? Os resultados dependem de você. Todos os dias você tem a oportunidade extraordinária de ser você, por isso dedique-se, faça sempre o seu melhor. Tome a decisão de viver todas as oportunidades extraordinárias que a vida lhe possibilita.

Para refletir: um perdedor é sempre parte do problema, um vencedor é sempre parte da solução. Sua atitude é uma coisa pequena e simples, mas pode fazer uma grande diferença. A belíssima frase que já citei neste livro justifica a afirmação: **"Sua atitude determina sua altitude"**.

Sabe por que você merece o tapete vermelho?
Você é uma estrela que nasceu para brilhar;

A ESSÊNCIA DOS CAMPEÕES

Você tem uma missão;
Você tem sonhos;
Você tem metas;
Você tem propósitos;

Você tem um trabalho e uma plateia esperando o seu espetáculo.
Vá lá e brilhe no tapete vermelho e receba nossos aplausos.

VOCÊ TEM UM TRABALHO E UMA PLATEIA ESPERANDO O SEU ESPETÁCULO.
VÁ LÁ E BRILHE NO TAPETE VERMELHO E RECEBA NOSSOS APLAUSOS.

SUPERE SEUS LIMITES, VENCENDO SEUS MEDOS

DESAFIE-SE PARA VENCER

Algumas pessoas têm medo dos desafios, simplesmente porque eles forçam a sair da zona de conforto.

Quantas pessoas ficam paralisadas por medo de não conseguir, pelo medo de não acertar, pelo medo de fracassar. Somos guerreiros adormecidos em nossos medos e limitações. Se você quer despertar esse gigante e alcançar resultados extraordinários, permita-se superar todos os dias.

Quando a mente e o corpo estiverem pedindo para parar, lembre-se que seu tanque de combustível ainda tem reservas para gastar, para superar seus limites. Desafie sua dor, desafie seus medos, desafie o cansaço. Lembre-se "HOMEM VAI LONGE DEPOIS DE ESTAR CANSADO".

Destaco que a dor e o sofrimento são passageiros, mas a vitória é para sempre, lembre-se disso quando estiver doendo, ou quando estiver cansado, pensando em desistir. O vencedor poderá fracassar tentando, mas não fracassará desistindo.

Todo atleta de elite sente dores e muito desconforto, mas não só por isso eles desistem em duelar com seus adversários. Se você quer ser um profissional ou um atleta de alta *performance*, haverá momentos em que sentirá dores, desconforto e pressão, mas, não pare, não se amedronte e, principalmente, não desista. Logo, logo, estará comemorando a sua vitória.

Portanto, a superação não é escolha, é uma necessidade, não deixe que seus medos superem sua capacidade de sonhar, de fazer acontecer, além de comemorar as vitórias que esperam por você. À medida que você superar cada desafio, sentirá que com fé e determinação nada é impossível de acontecer.

> **AS PORTAS SE ABREM DIANTE DE UMA FIRME DETERMINAÇÃO. DESAFIE-SE.**

PESSOAS QUE SÓ SABEM RECLAMAR!

Já prestou atenção nesse perfil de pessoas? Elas passam o dia reclamando de tudo e de todos e, algumas vezes, reclamam até de sua ineficiência diante de um problema.

Veja bem: se amanhece chovendo, reclamam. Se amanhece fazendo sol, reclamam. Se têm mulher, reclamam dos problemas dela, se não têm mulher, reclamam da ausência de uma. Quando são mulheres, se têm marido, reclamam dos problemas dele, se não têm marido, reclamam da ausência de um.

ESSAS PESSOAS NUNCA ESTÃO SATISFEITAS.
Sabe por quê?

Elas foram contaminadas pelo vírus da reclamação, e não conseguem enxergar o lado bom da vida. Se o dia possuísse 30 horas, elas iriam reclamar por 30 horas, eu chamo isso de "azucrinar" os ouvidos dos outros.

REGRA DE OURO:

Pare de reclamar, a vida é curta e precisa ser vivida com intensidade. Reclamação não vai resolver seus problemas, muito menos conquistar as outras pessoas a somar forças na ajuda dos seus problemas.

STOP. Ainda dá tempo de você mudar o péssimo hábito de reclamar de tudo e de todos. Cuidado para não viver com esse vírus da reclamação, e mais cuidado ainda para não contaminar as outras pessoas, se você tiver contraído ele. **(PARE)**

PARA REFLETIR:

A vida é bela e precisa ser vivida;

Somos imperfeitos e erramos. Isso é normal, e algumas vezes até saudável;

Nem sempre as coisas acontecem como queremos, saiba agir com os imprevistos;

Não foque nos problemas, foque na solução;

Veja o lado bom da vida, não existe escalada sem contornar as pedras;

Se você não é assim, mas conhece um amigo com esse perfil, ajude essa pessoa. Ele(a) precisa de você.

CUIDADO COM AS PESSOAS NEGATIVAS

Pessoas negativas nem sempre estão distantes de você. Às vezes até inconscientemente somos negativos, buscando proteger quem amamos.

Que tal deixar de ouvir pessoas negativas?
Que tal olhar para frente e seguir em busca das suas metas e da realização dos seus sonhos?

Às vezes, quando você vai pedir um conselho, o que é natural quando há dúvida sobre uma ideia, projeto ou ação, você pede ajuda para uma pessoa que está próxima e, por medo de fazer você fracassar, essa pessoa, inconscientemente, sugere ações que podem limitar sua decisão.

Às vezes, uma frase: **"Cuidado, fulano tentou fazer isso e não conseguiu, gastou tempo e dinheiro e se deu mal"** ou **"vai com calma que o mar não está para peixe"**, pode diminuir sua motivação e às vezes até fazer você desistir do seu projeto.

Muitas pessoas vão tentar desencorajar você, às vezes até com sentimento de proteção, que é natural das pessoas que nos amam e que querem nos ver bem e sem risco. Mas não existe sucesso sem correr risco, mesmo que seja calculado. Você vai se arriscar, vai se desafiar e vai querer vencer.

Estude seu projeto, busque informações com pessoas qualificadas, pesquise caso de sucesso relacionado ou semelhante a suas ideias. Quanto mais informações e preparo você tiver, melhores serão as suas decisões e suas chances de sucesso.

Sua motivação aumentará na medida em que você estiver baseando suas decisões em fatos e ideias que deram certo. Junte-se às pessoas que empreenderam ações de sucesso, elas são referências e podem ajudar você na realização dos seus sonhos.

Mas lembre-se, mesmo tendo uma ideia fantástica, é preciso muito foco, disciplina e trabalho para que ela se torne realidade e seja um sucesso.

QUEM MERECE O PÓDIO?

Merece o pódio aquela pessoa que não deixou suas desculpas serem maiores que a vontade de fazer.

Merece o pódio aquela pessoa que não colocou sua felicidade nas mãos de alguém.

Merece o pódio aquela pessoa que cumpriu a dieta e emagreceu, não postergou seu regime para "segunda-feira", usando da teoria do autoengano para amenizar a situação.

Merece o pódio aquele profissional que superou a vontade de desistir dos seus projetos diante das adversidades.

Merece o pódio aquele atleta que treinou, mesmo com dor, tentou, superou e venceu.

Merece o pódio a mãe ou pai que não deixou seu filho ser um delinquente.

Merece o pódio o filho que se aplicou nos estudos e não culpou os pais pelo fracasso na escola.

Merece o pódio aquele cidadão que não se fez de vítima diante dos seus problemas.

Merece o pódio aquele político que não se envolveu em corrupção, comparando-se aos outros que culpam o sistema e preferem dançar conforme a música.

Merecem o pódio todos aqueles que, mesmo pequenos, transformaram-se em gigantes em busca dos seus sonhos.

Se sucesso não tivesse custo, todo mundo seria um sucesso. Se as conquistas não tivessem um custo, todos seriam conquistadores. Se a felicidade não exigisse dedicação e comprometimento, não teria valor.

A conquista está na superação, no prazer de tentar, no esforço aplicado, no custo exigido. O melhor troféu você ganhará ao vencer suas limitações, suas desculpas, seus medos e seus fracassos.

Ser um sucesso exige esforço, dedicação, disciplina, foco, paixão, atitude, carisma, humildade, conhecimento, comprometimento e muitas outras qualidades que não podem ser guardadas em um armário, mas que devem ser exercitadas em todos os momentos.

Lembre-se, o preço que você paga está no valor que você procura!

■ REINVENTE-SE

Se as coisas estão dando errado, se os problemas estão crescendo, reinvente-se, essa capacidade de buscar novas estratégias vai fazer você mudar o cenário e dar a volta por cima.

Se os clientes estão reclamando, a concorrência aumentando e atrapalhando o seu mercado, reinvente-se, isso vai fazer você criar valor e um diferencial para sua empresa e seu produto aos olhos do cliente.

Se o mercado está mudando em uma velocidade assustadora, reinvente-se, isso vai fazer você acompanhar as tendências de mercado, mantendo-se competitivo.

Se as coisas estão dando certo, reinvente-se, a tendência quando as coisas estão dando certo é entrarmos na zona de conforto, e isso é um prato cheio para a acomodação.

Se sua empresa está faturando, crescendo, prosperando, reinvente-se, isso vai te ajudar a manter seu posicionamento no mercado.

Essa capacidade de reinvenção é necessária nos dias atuais, não podemos nos acostumar com a paisagem, precisamos criar e inovar diariamente.

Aprenda novas formas de fazer aquilo que você faz todos os dias, comece a pensar diferente, e alternativas aparecerão.

Multiplique essa filosofia de onde você estiver e manterá o estado de espírito das pessoas em entusiasmo e motivação.

Quem não muda, não cresce.

Reinvente-se... Hoje, não amanhã!

Te vejo no TOPO.

VOCÊ É UM SUPERVENDEDOR!

Venda experiência positiva e conquiste o coração do seu cliente, tornando-se um **SUPERVENDEDOR.**

Passei aproximadamente um ano e meio estudando as características dos profissionais e empreendedores de sucesso na área de vendas. Para refletir sobre isso e compartilhar com você as minhas descobertas, decidi escrever o livro: **ESTRATÉGIAS DO SUPERVENDEDOR.** Além de estudar sobre as estratégias dos grandes campeões, que são referência em todo o mundo, revelo um pouco da minha própria experiência ao longo de vinte anos de trabalho com vendas.

Mas o que faz o profissional para ser um SUPERVENDEDOR? Quais são suas características? Resumirei essas características para você exercitar em seu dia a dia.

- **Gostar de relacionar-se com gente**. Vender é puro relacionamento. Clientes gostam de ser ouvidos, apreciam respeito e atenção. Dividem seus salários com os diversos vendedores que satisfazem suas necessidades. Mas preferem comprar de quem consegue encantá-los;
- **Ser criativo.** Não basta olhar o que todo vendedor olha. É preciso enxergar o que poucos vendedores enxergam, adaptando suas estratégias para o perfil do cliente e o processo em ação. Usar toda a sua inteligência para inovar;
- **Ter jogo de cintura** para transpor certos obstáculos no processo de negociação, com argumentos verdadeiros e persuasivos;
- **Ter disponibilidade e prontidão**. O vendedor deve estar sempre disponível para atender seus clientes e resolver seus problemas;

- **Assumir a responsabilidade pelo que promete e entrega.** Para muitos vendedores, a venda termina quando entregam o produto ao cliente. Mas para o cliente, muitas vezes é a partir daí que começa o processo de vendas, pois vendas é um processo de começo, meio e – podemos dizer – novo começo. Se você quer manter o cliente, não pode finalizar quando completa a venda: é importantíssimo fazer o pós-venda;
- **Não prometer o que não puder cumprir.** E sempre cumprir o que prometeu. Essa regrinha de ouro vale muito nos dias atuais.

OUTROS PODERES DO SUPERVENDEDOR

FOCO, MOTIVAÇÃO, INICIATIVA, DISCIPLINA, CRIATIVIDADE, FLEXIBILIDADE, PERSUASÃO, COMPROMETIMENTO, PERSISTÊNCIA, ESTRATÉGIA, METAS, OUSADIA, COMUNICAÇÃO, AUTODESENVOLVIMENTO, ADMINISTRAÇÃO DO TEMPO, INTELIGÊNCIA EMOCIONAL, CONHECIMENTO, ÉTICA.

Você pode ser o Supervendedor!
É muito fácil dizer: "Ah, esses atributos estão acima de minha capacidade. Posso me tornar um bom vendedor, mas não chegarei a ser o Supervendedor".

Por que não? Por que não você?
Não deixe essa busca para os outros. Não recuse essa possibilidade! As demandas do mundo corporativo estão se acentuando, vão se acentuar cada vez mais, e só os mais preparados irão prosperar. Só os melhores vencerão. Quer estar entre eles? Então planeje esse movimento e construa seu próprio caminho rumo ao sucesso!

> **"Veja sua carreira de vendedor como uma horta.**
> **Cuide dela, regue-a, aproveite-a; assim você colherá**
> **os frutos de seu trabalho."**
> **(Alan Vengel)**

"VEJA SUA CARREIRA DE VENDEDOR COMO UMA HORTA. CUIDE DELA, REGUE-A, APROVEITE-A; ASSIM VOCÊ COLHERÁ OS FRUTOS DE SEU TRABALHO." (ALAN VENGEL)

A ESSÊNCIA DOS CAMPEÕES

ANOTE AÍ MAIS ESTAS DICAS PARA VOCÊ SE TORNAR UM PROFISSIONAL DE VENDAS DE ALTA PERFORMANCE.

Profissionais SUPER são protagonistas, traçam sua trajetória com metas de qualificação. Produzem resultados para as empresas que trabalham. São esses resultados que mantêm a empregabilidade deles, ou seja, sua capacidade de se manter no mercado;

Bons profissionais de vendas, em princípio, não ficam desempregados. Eles são referência na sua área de atuação e, por esse motivo, são assediados constantemente pela concorrência;

Bons profissionais de vendas são empreendedores, e buscam realizar suas atividades com persistência, garra e determinação, superando as adversidades;

Bons profissionais de vendas são apaixonados pelo que fazem e quando fazem uma atividade, fazem com dedicação, comprometimento e paixão;

Bons profissionais de vendas estão sempre inovando e, com isso, alcançam melhores resultados;

Bons profissionais de vendas são mestres na arte da escuta, identificando a necessidade do cliente e se colocando no lugar dele;

Bons profissionais de vendas são entusiasmados e dão um *show* no atendimento, fazendo o cliente dizer UAU.

> "Seja o que for: faça bem-feito.
> Faça isso tão bem-feito que, quando as pessoas virem o que você fez, elas vão querer voltar para ver de novo e vão trazer outras pessoas só para mostrar o seu trabalho."
> **(Walt Disney)**

Lembre-se: para ser um SUPERVENDEDOR, você precisa criar um atendimento diferenciado, sair do comum, criar laços de amizade e confiança, surpreender o cliente e ter atitudes proativas, ousadas. Em resumo: fazer acontecer.

QUEM REALMENTE É O VELHO DA CASA

Com o passar dos anos as pessoas começaram a viver mais. No passado, a expectativa de vida do brasileiro era de 33 anos. Hoje estamos chegando aos 80 anos, e segundo estudos recentes, poderemos chegar aos 130 anos. Mas isso vai depender de muitas variantes, questões como genética e principalmente questões sobre qualidade de vida, incluindo boa alimentação e atividades físicas. Irei acrescentar mais uma: SAÚDE EMOCIONAL.

Por que saúde emocional? Você já prestou atenção em algumas pessoas que mesmo jovem na idade cronológica, são velhas emocionalmente? São pessoas que vivem reclamando, que não têm disposição para realizar nada e são pessimistas ao extremo, vivem falando que querem que a idade chegue logo para se aposentar.

Se aposentar com o quê? Muitas dessas pessoas não fizeram nenhuma aposentadoria. Não se planejaram, não fizeram nenhuma previdência. Algumas estão esperando o mísero salário que o governo paga aos idosos. Será que vale a pena pensar em se aposentar agora, ou de repente vale a pena pensar em se preparar agora?

Com a longevidade, é necessário manter seu cérebro funcionando. Quanto mais conhecimento e estímulo positivo você receber, melhores serão suas emoções e expectativa de vida. Convivo com várias pessoas todos os dias e é impressionante como vejo pessoas de 20 a 35 anos dizendo que já estão velhas para determinada atividade. Quando vejo pessoas de 70 a 80 anos felizes, fazendo caminhada e sorrindo para a vida, vejo que a velhice vai chegar, mas você não envelhecerá totalmente se cuidar da sua saúde física e emocional.

O velho da casa é aquele que parou no tempo, que não se motiva para nada. Aquela pessoa que rema contra. Que tudo para ela não dará certo. São pessoas que não têm perspectiva de vida, porque estão se entregando ao acaso.

A ESSÊNCIA DOS CAMPEÕES

O velho da casa é aquela pessoa que parou de aprender, deixou de estimular sua mente para as coisas boas, aquela pessoa que não coloca sua mente e seu corpo em movimento. Pessoas assim pensam que é saudável se economizar.

O velho da casa são aquelas pessoas que passam o dia resmungando. Dizendo que o vizinho tem sorte e elas não, são pessoas que observam constantemente as vidas das outras e esquecem de viver as suas.

O velho da casa são aquelas pessoas que, independentemente da idade cronológica, ficam alimentando coisas ruins dentro de si, como a inveja, o ódio e o rancor. São pessoas que dormem amarguradas porque não sabem receber críticas.

Para você pensar e refletir, compartilho com você uma belíssima frase da atriz Sophia Loren: "Há uma fonte da juventude: sua mente, seus talentos, a criatividade que você traz para a sua vida e as pessoas que você ama. Quando você aprender a tocar essa fonte, é quando verdadeiramente derrota a idade."

SEJA DISTINTO PARA NÃO SER EXTINTO

A vida é uma escola e precisamos fazer um esforço para estarmos melhorando todos os dias.

Em um cenário de alta competição e com a recessão econômica, precisamos nos esforçar para estarmos melhorando. "Sermos distintos para não sermos extintos".

Fico impressionado com alguns profissionais que se preocupam apenas com seus salários no final de mês. Com um baixo grau de comprometimento, esses profissionais se desmotivam facilmente, estão sempre reclamando e fazem somente o necessário, ou seja, economizam, omitindo-se das coisas que precisam fazer e, às vezes, até criticam quem faz.

Para você ser distinto e não ser extinto, é necessário fazer mais do que aquilo que é pago para fazer, surpreenda com suas atitudes, aprenda a trabalhar em equipe e desenvolva a habilidade de liderança.

O professor Roberto Shinyashiki sempre diz: "Ser um campeão não é superar o outro, mas conseguir realizar os seus talentos no nível mais alto de sua existência".

Para pensar e refletir:

- ✓ **Seja um profissional proativo, não espere o problema ganhar grandes dimensões para poder agir;**
- ✓ **Cresça todos os dias no aprendizado, profissionais que não aprendem coisas novas não se desenvolvem;**
- ✓ **Ande o km extra, surpreenda com atitudes que, na maioria das vezes, as pessoas não esperam de você;**
- ✓ **Não se envolva permanentemente com pessoas medianas, isso pode engessar você, lembre-se: somos fruto do meio;**

✓ **Evite reclamar das coisas que não pode mudar, e mude as coisas que estão ao seu alcance, sem esperar ordens para agir, ou seja, tenha atitude para fazer diferente.**

UM RECADO IMPORTANTE: profissionais que têm um alto comprometimento na empresa são permanentemente convidados a assumir melhores posições, com melhores salários e benefícios. SEJA DISTINTO.

CAIU, LEVANTE-SE

SACODE A POEIRA E DÁ A VOLTA POR CIMA

Quantas vezes você desistiu de um projeto só porque tentou algumas vezes e não conseguiu? Quantas vezes você ficou frustrado porque uma ideia que você sugeriu não foi aceita na empresa? Quantas vezes você começou a estudar e, por alguma adversidade, você parou? Quantas vezes você começou uma dieta e desistiu na primeira semana? Quantos empreendimentos foram constituídos e fechados, porque os empreendedores não suportaram a pressão do mercado?

Fazer sucesso em uma ação empreendida por você não é fácil, se fosse fácil, qualquer pessoa seria um sucesso. Mas, para fazer sucesso, você precisa desenvolver a capacidade de se levantar todas as vezes que cair. É impossível fazer sucesso sem se desafiar, sem contornar os entraves que aparecerão, sem vencer as adversidades.

Sua motivação precisa ser forte. Todas as vezes que cair, rapidamente levante-se, sacuda a poeira e dê a volta por cima. O que não adianta é ficar chorando pelos cantos, lamentando-se. As pessoas de sucesso são verdadeiras solucionadoras de problemas.

Existem dois estados emocionais para quando você cair: você pode se afundar na raiva, ter pena de si mesmo ou culpar os outros pelo seu fracasso, e isso só vai piorar as coisas. Mas também você pode fazer diferente: Caiu! Levante a cabeça, busque o fracasso imediato com aprendizado e continue andando, uma hora você acertará.

Considerando que o aprendizado e a experiência aumentarão suas chances de sucesso; quanto mais rápido você fizer isso, mais rápido você vai se recuperar. Mais chance você terá de dar a volta por cima, buscando sua realização.

Lembrando que o verdadeiro fracasso vem com a decisão de parar por medo de errar novamente, por medo de tentar, por medo de fracassar.

CADA VEZ MAIS FORTE

Quanto mais você faz uma coisa, melhor fica nisso.

Quanto mais você treina musculação, mais fortes ficam seus músculos, quanto mais você aprende, melhor fica.

O contrário também é verdadeiro.

Quanto mais você reclama, melhor fica em reclamar; quanto mais você inventa desculpas, melhor você fica em se desculpar. Cuidado para você não virar um especialista nessas áreas. Os hábitos negativos trazem resultados negativos.

Temos a tendência humana de valorizar as coisas negativas, falar de coisas negativas e multiplicar coisas negativas. Para mudar de foco, cultive ações positivas a cada dia. Decida, redirecione seus pensamentos, busque os seus objetivos, faça isso continuamente, lembrando que a prática leva à perfeição.

Algumas pessoas querem ter sucesso, sem fazer sacrifício pessoal. O estudante, quando quer passar no ENEM, deve abdicar de vários momentos de entretenimento e lazer para se dedicar aos estudos.

O profissional que quer fazer sucesso, precisa fazer mais do que aquilo que ele é pago para fazer, isto é, deve andar o km extra. O empreendedor que quer crescer empresarialmente precisa se atualizar constantemente, desenvolver e motivar sua equipe, aplicar as inovações necessárias para tornar sua empresa competitiva.

Lembrando que é impossível se transformar num campeão de musculação com apenas um treino. Você precisa se dedicar e treinar continuamente, se sacrificar em alguns momentos para se desenvolver.

Destaco que sem sacrifício pessoal, não há sucesso. Portanto, rale agora para brilhar depois.

O sucesso te espera, mas a decisão é sua, e os resultados também.

A MELHOR FORMA DE APOSENTAR A SUA MENTE, CUIDADO!

Muitas pessoas estão aposentando a mente antes do tempo. A palavra aposentado significa colocar no canto, no armário, isolar-se, fechar-se ao trabalho e à convivência social. Por incrível que pareça, tenho visto pessoas fazendo isso antes do tempo com sua capacidade cognitiva. Algumas dessas pessoas não se dão conta que nossa mente (cérebro) precisa de novos estímulos, isso deve acontecer diariamente, para poder desenvolver novos neurônios. Isso é neuroplasticidade, ou seja, a capacidade do nosso cérebro de se renovar com novos neurônios, fato que independe da idade cronológica. Seguem algumas informações importantes de como você está aposentando sua mente precocemente.

Quando você começa a reclamar de tudo e de todos, começa a colocar sua mente sempre na defensiva, valorizando o aspecto negativo, a reclamação.

Quando você para de ler. A leitura é um grande estímulo para o nosso cérebro. Quem lê mantém a mente aquecida e se mantém atualizado.

Quando você não pratica exercícios físicos. Quem pratica exercício físico mantém o corpo em movimento, tem boa circulação sanguínea e o cérebro recebe mais oxigênio. Uma boa oxigenação manterá o cérebro revitalizado.

Quando você não participa de cursos e palestras. As pessoas que estão na zona de conforto não se preocupam em se desenvolver, logo, essas pessoas estão acostumadas à rotina diária. São profissionais que têm 20 anos de experiência em consertar Fusca, nesse sentido, a experiência não vai valer muito. O antigo modelo Fusca saiu de linha.

Quando você entra no piloto automático fazendo as mesmas coisas sempre da forma que sempre foi feito. Como eu falei anteriormente, a rotina é o caos para o nosso cérebro, sem novos estímulos não desafiamos o nosso cérebro a pensar diferente, a buscar novas formas de fazer o que sempre fazemos.

Quando você convive com pessoas que não estão em crescimento pessoal e profissional. É impressionante como essas pessoas têm a capacidade de influenciar. Somos frutos do ambiente, logo, um ambiente morno nos tornará mornos também; um ambiente desafiador nos desafiará.

Cuidado para você não aposentar sua mente antes do tempo, como algumas pessoas estão fazendo. Lembrando que existe uma perda memorial a partir dos 30 anos de idade, isso significa que após os 30 anos sua mente começa a se fragilizar, ficar preguiçosa, lenta e acomodada.

Pratique os estímulos sugeridos nas dicas e turbine sua mente, revitalize seu cérebro. Use a neuroplasticidade, a velhice vai chegar, de fato, quando você parar de aprender, crescer e se desenvolver.

CUIDADO COM OS FOFOQUEIROS DE PLANTÃO!

Nem sempre são seus inimigos declarados.

Fico impressionado com a capacidade de algumas pessoas que, em vez de olhar para os progressos, fatos e situações positivas da própria vida, ficam o tempo todo prestando atenção e vivendo a vida e as conquistas de outras pessoas.

Eles(a) estão sempre atentos a tudo e a todos e têm uma língua afiada. Eles(a) criam histórias e fatos, fazem fofocas com relação às pessoas e saem metralhando nos quatro cantos da cidade. E o pior de tudo é que, no meio da fofoca, há um pequeno sentimento de inveja.

PRESTE ATENÇÃO EM UMA PESSOA FOFOQUEIRA, ELA NÃO SE CONFORMA EM NÃO FAZER SUCESSO. E, por isso, está sempre procurando defeitos em você. Quando ela não encontra, cria e sai detonando, "parece um soldado em um campo de batalha, metralha mesmo, sem dó".

Fico mais preocupado com o fofoqueiro do que com quem é alvo da fofoca. Será que ele não se deu conta que a vida é curta e não podemos perder tempo vivendo a vida das outras pessoas?

Lembrando que a fofoca são duas ou mais pessoas falando mal de uma terceira ausente. Precisamos nos policiar para não fazer fofocas de pessoas conhecidas ou não, seja em casa ou na empresa, isso pode soar mal para nós mesmos.

Quando você vir um fofoqueiro(a) falando mal de alguém, cuidado, não compartilhe a conversa, porque lá na frente ele vai dizer que foi você quem falou, pode ter certeza, essas pessoas são craques nisso, elas criam situações complicadas de se desenrolar.

Se você é o alvo da fofoca, não se preocupe, a verdade sempre vem à tona, e siga em frente, vivendo a sua vida.

Dr. Lair Ribeiro tem uma frase fantástica e gostaria de compartilhar com você, meu amigo(a): "**O que as pessoas pensam de você não é problema seu, é problema delas**".

Para refletir:

➢ O fofoqueiro não cresce porque não se preocupa em se desenvolver, porque não tem tempo de olhar para seus pontos positivos;
➢ O fofoqueiro nem sempre é seu inimigo declarado, às vezes, compartilha as melhores horas da sua vida;
➢ O fofoqueiro tem a língua afiada e sempre repete a seguinte expressão: "Eu não sou baú para guardar segredos."

Cuidado: afaste-se desses tipos de pessoas, elas contaminam qualquer ambiente, principalmente o da empresa. Um forte abraço e fique com DEUS.

VOCÊ PODE ESTAR PRÓXIMO DE UM COLAPSO E NÃO SE DEU CONTA

O estresse é um veneno que mata aos poucos.

Estamos vivendo um aceleramento constante de informações, conhecimentos e mudanças. E isso tem gerado em algumas pessoas ansiedade e medo. Em alguns casos, vem acompanhado de muito estresse, tanto na vida pessoal quanto profissional.

O estresse pode impedir você de manter o foco para resolver problemas de forma criativa e eficaz, e de manter bons relacionamentos, ou seja, manter-se em paz. Além de alterar sensitivamente seu humor, gerando sentimento de frustração. O estresse é um veneno para bons relacionamentos, pois ninguém gosta de se relacionar com pessoas mal-humoradas, indiferentes e apáticas.

O excesso de trabalho também é um agente causador do estresse, comece a gerenciar seu tempo, praticando outras atividades, isso pode aumentar sua produtividade, melhorando sua qualidade de vida.

SUGIRO DAQUI PARA FRENTE VOCÊ PLANEJAR ALGUMAS AÇÕES ESTRATÉGICAS PARA MELHORAR SUA QUALIDADE DE VIDA.

Praticar atividades físicas, ter momentos de lazer com a família, dormir bem, se alimentar adequadamente. Viva o hoje, preocupando-se menos. Lembrando que 95% das nossas preocupações não se transformam em problemas, então pare de sofrer pelo passado.

- Precisamos aprender a planejar nossas ações sabendo que podemos fracassar, é o risco que corremos. O segredo é aceitar os nossos limites;

- Precisamos aprender a brincar, fugir das pressões, nos divertir um pouco;
- Precisamos focar nos pontos positivos, não criticar os outros. Aprender a elogiar, destacar as qualidades, não só os defeitos;
- Precisamos aprender a perdoar, não somente os outros, mas perdoar a nós mesmos. Não somos perfeitos.

O estresse é tão prejudicial à nossa vida que, em um nível acentuado, pode até baixar nossa imunidade, deixando o organismo fraco e suscetível a doenças. Meu amigo palestrante e especialista em qualidade de vida, Profº Gretz, fala: **"Doença nenhuma sobrevive em um corpo emocionalmente saudável"**.

É PRECISO QUERER

Você é inteligente e sabe o que é preciso ser feito, tem consciência que para toda ação tem uma reação. Resultado não vem de graça, é preciso querer, é preciso ação, é preciso atitude.

O que você passou e construiu até agora foi e ainda é importante, mas é passado. Pensando no futuro estratégico, para se manter no topo é preciso se reinventar, criar estratégias e buscar as ações hoje para se posicionar entre os melhores.

Viver o passado não vai adiantar, as coisas estão mudando em uma velocidade assustadora. Projete o futuro, porém, essencialmente, viva o presente com sentimento de excelência, dedicação, disciplina e foco. Por mais conhecimento que você tenha em sua área de atuação, É PRECISO QUERER.

- Querer ser excelente com ações excelentes;
- Querer cumprir o prazo, honrando seus compromissos;
- Querer ser um empreendedor de sucesso, inovando todos os dias;
- Querer ser um vendedor de sucesso, buscando o autoconhecimento;
- Querer ser uma pessoa amável e querida, buscando ação dedicada ao próximo;
- Querer ser um líder eficaz, atuando com carisma e formando novos líderes;
- Querer ser o melhor em sua área de atuação, buscando sair na frente, com ações estratégicas;
- Querer o pódio, mas para isso se dedicando arduamente para alcançá-lo.

Algumas pessoas vivem dizendo que no passado as coisas eram mais fáceis, mas quero alertar essas pessoas que o passado não volta, e quem vive de passado é museu. Estamos em uma nova era, estamos na era da excelência e do conhecimento, e é essencial a motivação. Sabe por quê?

Você pode ter todo conhecimento do mundo. Mas é preciso motivação para colocar em prática, transformando conhecimento em resultado. Esse querer que parte do seu coração, e não querer ser apenas mais um na multidão.

É PRECISO QUERER COM ATITUDE.

POR QUE ELES NÃO DESISTEM!

Uma das frases mais compartilhadas nas redes sociais nos chama a atenção: "**Desistir é para os fracos, os fortes persistem**".

Tenho visto pessoas que não sabem lidar com os obstáculos, irritam-se com facilidade e desistem no meio do caminho. Às vezes, o cenário estava até favorável, mas, como toda vitória tem seu grau de sacrifício, essas pessoas não estavam preparadas e convictas para superar tais obstáculos.

Mas tenho estudado os fortes. As pessoas que não desistem com facilidade são pessoas que **têm** metas bem definidas, com propósito de vida. Têm, em sua essência, a busca por novos aprendizados, novas experiências e o seu trabalho como missão de vida.

Não há sucesso sem persistência. A busca deve ser constante, com mapeamento dos cenários e novas estratégias de combate.

Faça parte do time dos "bem-sucedidos", toda vez que for empreender uma ideia ou projeto, não desista com facilidade. Persista! Uma hora vai dar certo.

Para refletir:

- Não existe êxito sem combate, e se há combate, você pode ganhar ou perder momentaneamente, mas continuar na batalha se faz necessário;
- Desenvolva uma atividade, com começo, meio e fim, monitore cada fase;
- Se você começar uma atividade e desistir na primeira dificuldade, não haverá resultado satisfatório, muito menos vitória;
- Persista naquilo que você quer, pode haver até forças contrárias, mas, se você estiver convicto, siga adiante.

Lembre-se: as pessoas que venceram na vida foram aquelas que, mesmo diante das maiores dificuldades, continuaram firmes e fortes em seu propósito com metas bem definidas e não tiveram medo de fracassar, mesmo correndo riscos calculados.

Os "bem-sucedidos" não desistem, às vezes mudam de rota, mas continuam caminhando rumo ao SUCESSO.

ESSE É O MOMENTO...

Vencedor não é aquele que sempre vence, mas sim aquele que nunca para de lutar.

Estamos acostumados a deixar as mudanças importantes para depois, muitas vezes aceitamos menos do que somos capazes, e isso tem feito muita gente parar no tempo.

Quantas vezes colocamos metas e objetivos em nossa mente e desistimos deles nas primeiras dificuldades? Quantas vezes deixamos de fazer algo com medo de errar? Quantas vezes fomos paralisados pela opinião dos outros?

É preciso viver cada fase da vida com paixão, é preciso alimentar seu entusiasmo todos os dias e recomeçar sua jornada com dedicação. Somos cientes que temos um propósito na vida. Não estamos aqui por acaso, por isso vivamos a nossa missão.

Para isso, não deixe que suas desculpas sejam maiores que sua vontade de vencer. Não deixe que seus problemas desencorajem você a continuar lutando. Não deixe que pessoas que não conhecem sua realidade e nem seus sonhos desestimulem você.

É preciso querer. Quanto maiores as barreiras superadas, mais fortalecido você ficará. Veja que isso é poderoso, é o poder da superação.

Aproveite as oportunidades, aproveite o momento, aproveite os problemas. Sabendo lidar com as situações turbulentas da vida e ultrapassá-las, você chegará ao seu futuro vitorioso. Lembrando que qualquer momento serve como um começo.

FAÇA QUE SEJA O AGORA!

DESAFIOS SÃO PEDRAS PRECIOSAS

O que estimula você a sair da zona de conforto incomoda. E, na maioria das vezes, quando aparece um desafio a sua frente, você não está preparado para encará-lo.

E quando acontece isso, existem dois tipos de pessoas: as que ficam esperando para ver se o desafio desaparece, continuando na inércia, ou seja, "de boa"; e as que encaram os desafios de frente, seja ele grande ou pequeno, simples ou ousado.

Não sei em que perfil você se enquadra, mas sei que encarar os desafios é uma oportunidade para o seu crescimento, seja pessoal ou profissional. Aceite os desafios quando eles aparecerem e você terá meio caminho andado para superá-los.

Nem sempre uma vida tranquila é a solução para os seus problemas. Lembre-se: em mar calmo, qualquer marinheiro navega bem, mas em um mar agitado só os bons conseguem navegar. O grande desafio é conhecê-los em situações de grandes tempestades.

Assim somos nós, só conhecemos a força que temos para vencer um desafio quando nos colocamos de frente com ele, encarando-o e se desafiando. Toda vez que a situação lhe mostrar um desafio. Encare-o, mesmo não estando preparado para tamanha grandeza.

Nunca estaremos prontos 100%, a preparação vem com o tempo e com a necessidade.

Mesmo a situação não sendo confortável para você, saiba que ao superá-las, em seu coração nascerá um sentimento de vitória.

ALGUNS MOTIVOS PARA VOCÊ SE DESAFIAR:
- Desafie-se. Pessoas de sucesso estão sempre se desafiando;
- Desafie-se. O seu sucesso requer dedicação, ousadia e coragem;
- Desafie-se. Você não vai querer viver uma vida sem tesão;

- Desafie-se. No início, vão chamar você de louco, mas, no final, estarão aplaudindo;
- Desafie-se. Você não está aqui por acaso, Deus lhe deu uma missão;
- Desafie-se. Sua felicidade precisa ser construída por você.

DESAFIE-SE PARA VENCER.

LUTE ATÉ O FIM

**LEMBRE-SE: OS FRACOS DESISTEM,
OS FORTES PERSISTEM.**

Não seja um defensor das suas limitações.

Quantas vezes repetimos as expressões: **"NÃO POSSO, NÃO CONSIGO", "NÃO ADIANTA", "NEM VOU TENTAR" OU "SOU ASSIM MESMO".**

Você não é assim, você está assim. Não precisa viver assim o resto da vida, preso nas crenças que limitam seu crescimento pessoal e profissional.

Quando vier à sua mente o pensamento que você não pode, mude seu estado mental, e vá de encontro a essa força negativa que empata seu desenvolvimento e evolução.

Você pode fazer o que quiser. Seja capaz de superar essas limitações. Às vezes, sua energia negativa enfraquece você, levando até sua mente e seu coração o medo de tentar, de fazer, de se superar.

Não fique preso aos obstáculos que tiram de você as possibilidades do seu sucesso, veja por outro lado, eles podem ser os degraus que você precisa subir.

Pare de lutar contra suas próprias possibilidades. Ninguém pode escrever a sua história, você é o protagonista.

Veja quais são suas crenças limitantes e trabalhe para eliminá-las.

Desperte esse gigante dentro de você e se supere para vencer.

VOCÊ CONSEGUE!

LEMBRE-SE: OS FRACOS DESISTEM, OS FORTES PERSISTEM.

VOCÊ É UM DIAMANTE

Por que o diamante é tão valorizado?

A reposta é simples. Porque são difíceis de serem encontrados, por isso são valiosos e raros.

Apreciamos as coisas que conquistamos com dedicação, trabalho e honradez. Tudo que buscamos que requer empenho e disciplina, valorizamos muito mais.

As coisas que são muito fáceis, na maioria das vezes, não valorizamos. Tudo que é raro é mais valorizado, apreciado pelas pessoas. Eu sempre falo que profissionais diamantes são mais valorizados e mais bem pagos no mercado.

Eles estão sempre buscando lapidação. Suas conquistas são com suor e garra, eles não ficam paralisados, colocam-se em ação em todas as oportunidades. Seja um diamante na vida das pessoas, seja raro no sentido de criar impacto positivo no meio em que você vive.

Não saia de perto de uma pessoa sem torná-la mais feliz. Sabe quais são as características de pessoas diamantes? Pessoas diamantes são mais felizes.

➢ Pessoas diamantes são entusiasmadas;
➢ Pessoas diamantes são alegres;
➢ Pessoas diamantes são positivas;
➢ Pessoas diamantes têm propósito de vida;
➢ Pessoas diamantes começam e terminam uma atividade;
➢ Pessoas diamantes estão buscando realizar seus sonhos.

Por isso afirmo, você é um(a) diamante, raro e valioso, só precisa ser lapidado. Permita-se.

SEJA SEU MELHOR AMIGO

Pensamento positivo ajuda a fortalecer a sua autoestima.

Milhares de pensamentos passam por nossa cabeça todos os dias, principalmente quando estamos passando por uma situação delicada, que exige esforço e superação.

Não deixe os fatos negativos sugarem suas energias, suas forças e sua autoestima. Encarar os fatos de forma negativa, contaminando nosso viver com crenças de que tudo vai mal, não é uma boa alternativa. Quando aparecer um pensamento negativo, remova de imediato da sua cabeça. Uma boa estratégia é fazer uma atividade que você goste de fazer.

Quando deixamos pensamentos negativos controlarem a nossa vida continuamente, começamos a viver amargurados, sem ânimo e sem alegria para viver.

É bom lembrar que pensamentos viram sentimentos e os sentimentos geram atitudes. Vamos armazenar em nossa caixinha pensamentos saudáveis, pensar positivo é barato e faz tão bem.

Sugiro algumas estratégias para mudar seu estado mental: pratique aulas de dança, faça exercícios (uma corridinha de leve), leia um bom livro, assine revistas que falem de prosperidade, felicidade e sucesso, converse com pessoas positivas e participe de treinamentos continuamente. Dessa forma, sua cabeça estará sempre ocupada e se fortalecendo com coisas boas.

Só uma reflexão:
Semear pensamentos positivos é criar em sua mente as condições propícias para alojar o entusiasmo, que nos dá forças para mudar a nossa realidade.

O EXERCÍCIO FÍSICO É MUITO BOM PARA O CORPO E PARA A MENTE

A prática de atividade física tem crescido bastante, são muitos os benefícios que ela traz para nossa saúde, tais como: melhora da circulação sanguínea, fortalecimento do sistema imunológico, diminuição do estresse e do esgotamento físico, além disso, ajuda a emagrecer.

Lembrando aos estudantes que praticar atividade física após os estudos é uma ótima estratégia para consolidar o aprendizado devido ao aumento da circulação sanguínea cerebral. **MELHORA A OXIGENAÇÃO DO CÉREBRO.**

Vamos nos movimentar, músculo parado fica atrofiado. Não fomos criados para ficarmos parados, precisamos circular, praticando qualquer atividade que force o nosso corpo a sair da zona de conforto.

Alguns benefícios que servem como motivadores:

➢ Melhora a autoestima e o desempenho sexual;
➢ Diminui os riscos de depressão;
➢ Reduz o risco de infarto e doenças cardíacas;
➢ Previne contra o surgimento de diabetes e AVC;
➢ Fortalece as articulações, a musculatura e os ossos.

Seja uma caminhada, corrida, natação ou pedalada, é importante ter a orientação de um profissional que entenda dessas atividades para orientar, principalmente se você for iniciante. A falta de atividades físicas é prejudicial, mas o excesso sem orientação profissional pode trazer prejuízos.

Motive-se, comece devagar, dê os primeiros passos, o hábito vai fazer gerar prazer. Nos dias atuais, é careta ficar sem praticar atividades físicas.

NÃO DESISTA DE AMAR

NUNCA DESISTA DO AMOR POR CAUSA DAS NOSSAS IMPERFEIÇÕES!

Quando falo de relacionamento, sempre compartilho uma história de um homem que passou a vida inteira procurando a mulher perfeita. Terminou solitário, e um amigo o consolou:

– Que pena! Você passou a vida procurando a mulher perfeita e não a encontrou.

O homem então respondeu:

– Não, eu a encontrei.

Curioso, o amigo quis saber:

– Por que não ficou com ela?

E ele respondeu:

– Porque ela não me quis, estava procurando o homem perfeito.

Não existe perfeição sem amor. Quando duas pessoas se conhecem, é o início da experiência e da construção do amor. Esse é o amor que promove a transformação entre duas pessoas. Esse é o amor que nos ensina não somente a apreciar as virtudes, mas aceitar os defeitos.

Todas as vezes que você contemplar uma rosa com sua beleza em sua essência, saiba que mesmo com todo o seu perfume, haverá espinhos. E precisamos apreciá-la assim mesmo.

Não podemos esquecer que somos aprendizes em todo o território da vida. Aprendemos da literatura à matemática, do amor ao perdão.

Sim. Porque não conseguiremos viver com alguém se não aprendermos a conviver com essa pessoa, aceitando seus defeitos e compreendendo suas falhas. Precisamos despertar em nossos corações todos os dias a capacidade de perdoar.

Como diz o poeta, pela construção do amor: **"O AMOR É UM APRENDIZADO, AMAR SE APRENDE AMANDO E PERDOANDO"**. O princípio para viver uma vida feliz? Recomece todos os dias, amando e perdoando.

ELAS ESTÃO CADA DIA MAIS FORTES!

**Sexo frágil é coisa do passado.
Você já parou para analisar a evolução das mulheres
nos dias atuais?**

É impressionante como as coisas estão mudando. Antigamente, a mulher era vista como um sexo frágil, que tinha que arrumar um marido para casar, cuidar da casa, dos filhos e servir ao marido na hora que ele solicitasse.

Essa realidade mudou e está mudando a cada dia. O cenário está favorável ao crescimento e evolução das mulheres por vários motivos, um deles é que elas têm muita vontade de crescer, se qualificar e conquistar o seu espaço no mercado de trabalho e no meio social.

Algumas pesquisas já comprovam que a mulher é multitarefas, ou seja, consegue fazer várias coisas ao mesmo tempo, sem perder a qualidade. Isso é um fator altamente positivo para elas.

No mercado atual, homens estão disputando vagas que são concorridas por mulheres também. Vamos aprender um pouco com elas:

- **Organização, comprometimento e atenção aos detalhes;**
- **Carisma e relações interpessoais;**
- **Excelente capacidade de comunicação;**
- **Sexto sentido, a chamada "intuição feminina";**
- **Elas têm cinco vezes mais a capacidade de fazer amizade do que os homens;**
- **Longevidade, algumas pesquisas mostram que as mulheres podem viver oito anos a mais que os homens. (Veja que não existe reunião de viúvos, mas de viúvas, elas se confraternizam e fazem até passeios).**

Diante do que foi exposto, não devemos, em hipótese nenhuma, duvidar da capacidade de uma mulher. Não é que vamos competir com elas para ver quem será o vencedor: Homens x Mulheres. Não! Mas vamos respeitar e valorizar o espaço e as conquistas delas. Vamos aprender com elas a somar forças em busca de uma sociedade mais justa, compartilhando aprendizados e dividindo momentos especiais.

SEJA SÁBIO E BUSQUE A SUA FELICIDADE

Tenho falado em alguns momentos que as dificuldades nos fortalecem, enquanto a comodidade e o prazer nos enfraquecem. É natural você gostar das coisas que geram prazer, mas, na maioria das vezes, você não cresce quando está nesses momentos. Não que você não possa vivê-los, afinal, é necessário para tornar a vida mais leve.

Mas lembre-se, ser sábio é aproveitar suas dificuldades para evoluir e não se fazer de vítima diante dos problemas.

Há pessoas que conseguem transformar um pequeno problema em uma tempestade. Elas não desperdiçam uma oportunidade para sofrerem e se martirizarem. Cuidado, esse vírus contamina.

Não condicione sua felicidade às mãos de outras pessoas, não se preocupe com a crítica alheia, você não conseguirá agradar a todos, sempre haverá pessoas que não compartilharão dos mesmos princípios e valores que os seus, somos diferentes, essa é uma riqueza valiosa.

Quando as coisas se tornarem difíceis, divirta-se um pouco, às vezes precisamos sair de um problema para poder enxergar de fora o seu contexto e buscar uma solução.

Seja sábio e reflita:
O fracasso faz parte da caminhada, se você está no jogo é para jogar. Nesse sentido, pode ganhar ou perder. Se ganhar, comemore a vitória, mas, se perder, mude a estratégia e continue jogando.

Saiba perdoar quem o magoou no passado, talvez essa pessoa não tenha a maturidade em reconhecer seu amor e sua amizade. Perdoe assim mesmo.

A felicidade não é uma ilusão e também não é algo que acontece por acaso, ela precisa ser construída. Muitos a procuram em lugares distantes e esquecem que a distância maior não é em km, mas em centímetros. A felicidade vive dentro de você.

Valorize cada experiência vivida, na certeza de que cada momento é único e pode ser inesquecível. Lembre-se, o ontem já passou e o amanhã há de vir, o melhor momento para viver a vida com felicidade e harmonia é hoje. Não acrescente dias à sua vida, mas vida aos seus dias.

OS PROFISSIONAIS APAIXONADOS PELO QUE FAZEM

Veja os olhos dos profissionais apaixonados pelo que fazem, seus olhos brilham. Logo, suas mentes tornam-se mais criativas, eles **são mais motivados e felizes e têm** na mente e no coração um sentimento de missão.

As pessoas apaixonadas pelo que fazem não desistem em qualquer tombada, são persistentes, não se lamentam pelas adversidades, usam-nas para seu crescimento pessoal e profissional.

O profissional apaixonado pelo que faz, trabalha continuamente para realizar seu sonho e, quando as coisas dão errado, ele não para, mas respira e continua andando, mesmo que lentamente.

Um **profissional apaixonado** possui a força da mudança, gera movimento, realiza suas atividades com alta *performance* e conquista resultados extraordinários. Isso porque, ao trabalhar com paixão, sente alterações físicas e psíquicas que afloram suas habilidades e talentos, favorecendo a capacidade de foco, comprometimento e desempenho acima da média.

Lembre-se: "A paixão é capaz de mover as pessoas além de si mesmas, além das próprias limitações, além dos próprios fracassos". Considere a paixão a motivação para continuar fazendo seu trabalho com excelência, amor e dedicação, e se você perdeu a paixão do início, minha dica de ouro para você é: **volte a se apaixonar.**

- ➢ Apaixone-se pela sua família;
- ➢ Apaixone-se pelos seus sonhos;
- ➢ Apaixone-se por você mesmo.

Segundo o filósofo Hegel:

"Jamais se realizou algo grande no mundo sem paixão".

APAIXONE-SE.

VOCÊ É LUZ, BRILHE ONDE VOCÊ ESTIVER

Ficamos com medo às vezes de sermos inadequados, temos receio do que as pessoas vão pensar. Às vezes, é a nossa luz, e não a nossa sombra que nos amedronta, já parou para pensar e refletir sobre isso?

Anulamos o nosso espetáculo, preocupados com o que as pessoas vão achar. As pessoas não vão achar nada se você ficar com medo. Às vezes é isso que algumas pessoas negativas querem, ofuscar seu brilho, intimidar você a agir. Um detalhe importante: o que as pessoas pensam de você não é problema seu, é problema delas. Há pessoas pelas quais você pode fazer de tudo, e elas não irão mudar o conceito que têm de você. Alguns comportamentos conotam a inveja do seu crescimento e da sua evolução.

Sua insegurança vai incomodá-lo, seu medo vai anulá-lo. Fortaleça-se com as crenças positivas, tais como: **posso brilhar, nasci para fazer sucesso e ser magnífico, sou talentoso, eu mereço ser feliz, sou fantástico. E se coloque em ação em direção à sua luz.**

Lembre-se, nascemos para manifestar a glória que está dentro de nós. Todos nós possuímos um dom, um talento, e sempre há oportunidade para manifestar isso ao mundo. Se ficarmos parados com medo de brilhar, vamos ficar frustrados, contemplando apenas o sucesso alheio. E isso não vai adiantar nada para o mundo. **Deus fez você com luz própria, para brilhar cada dia mais.**

Liberte-se da sua insegurança;
Liberte-se dos seus temores;
Liberte-se do receio de tentar;
Liberte-se do medo da crítica alheia;
Liberte-se das suas crenças negativas;
Liberte-se das coisas que estão o sabotando;
Liberte-se das pessoas negativas que estão impedindo o seu crescimento;

Superando seus medos e se desafiando a brilhar cada vez mais, você vai alcançar o sucesso.

VÃO DIZER QUE É SORTE

Algumas pessoas dirão que você tem sorte, o que essas pessoas não sabem é o que você faz para se superar, crescer e se desenvolver. Elas não conhecem as suas ideias, seus projetos e suas lutas. Você vem protagonizando uma história de superação, acordando todas as manhãs ciente de que você nasceu para protagonizar uma história de sucesso.

No início, muitos desencorajavam você, falavam que não ia conseguir, que era uma missão muito árdua, mas você não deixou essas palavras penetrarem sua mente.

No seu coração, sempre pulsou o desejo de vencer, mesmo tendo alguns momentos cheios de medo e adversidade. A sua história está sendo construída em um alicerce com base em sua fé, seu trabalho, sua determinação e sua coragem de saber que você sempre pode mais.

Você sabe que nunca será fácil, pois o que era fácil já foi feito, por isso, se tornou forte, lutou e ainda vem lutando para vencer as grandes batalhas da vida. Destacou-se e vem se destacando por saber que nasceu para brilhar.

E quando acharem que você tem sorte, agradeça, pois, sua sorte vem do alto, da sua fé, do seu trabalho e da sua motivação em saber que seus sonhos não serão esquecidos, e sim realizados.

AS COISAS MAIS SIMPLES DA VIDA

Você já parou para pensar que estamos vivendo sem viver plenamente?

Poucas vezes paramos para pensar sobre a nossa vida, como estamos vivendo. Com que intensidade estamos contemplando cada momento. Aprendemos a conduzir motos e carros, mas estamos esquecendo de conduzir a nossa vida.

Preocupamo-nos mais em mostrar uma vida irreal. Aparentemente, mostramo-nos fortes e, na maioria das vezes, nos mostramos bem, mas por dentro estamos vazios, com medo, insegurança e fragilidade.

Queremos interagir 24 horas virtualmente, mas poucas vezes vivemos um minuto intenso presencialmente. Estamos perdendo noites de sono, preocupados com o amanhã, sem saber se o amanhã existirá para nós. Lembrando que o sono é vital para a renovação da mente e do corpo.

Vamos contemplar o belo, viver o momento, vamos brincar com nossos filhos, vamos amar com intensidade a quem precisamos amar, doar-se para o momento presente.

As coisas mais simples da vida estão passando sem você percebê-las, estamos obcecados pelo dinheiro e pelo poder e esquecendo que somos meros mortais.

Construa sua vida no hoje, lógico que projetando um futuro promissor, mas lembre-se, tudo tem o seu momento, sua ansiedade não mudará o resultado final.

Para refletir:

A vida é para ser real, e não virtual;

A vida é bela e precisa ser vivida;

O momento só será eternizado se você se doar a ele;

Não deixe pensamentos e sentimentos negativos dominarem sua vida;

Entregue-se às emoções positivas e nutra sua mente de coisas boas; viva a vida com felicidade;

FELICIDADE... é aquele instantinho da vida que você não gostaria que acabasse.

Não condicione sua felicidade no futuro, não condicione sua felicidade em algo material que você ainda vai conquistar. A vida são os instantes de segundo que estão passando. Lembre-se, os instantes viram minutos; os minutos, horas, os dias, semanas, e assim a vida vai passando. A maioria das pessoas está envelhecendo à espera da felicidade, muitas delas vão esperar a vida toda e não serão felizes.

Mas então, o que é felicidade?

Felicidade é um instante presente que você viveu intensamente e gostaria que repetisse; felicidade é um momento que acrescenta as lembranças mais gostosas de recordar; felicidade não tem dia nem hora, é aquele instante que acontece no momento presente, não no futuro.

Quando você condiciona sua felicidade ao futuro, esse futuro pode não chegar e você será uma pessoa infeliz a vida toda. Quando você condiciona sua felicidade a algo material, você pode até conquistar, mas nesse intervalo até a conquista você será infeliz na espera de alcançar.

Às vezes nos esquecemos de viver as coisas mais importantes da vida. Elas não estão longe, precisamos enxergá-las e apreciá-las, e no instante presente desfrutá-las. Talvez sua felicidade esteja aí.

Delicie-se com aquele momento feliz, ele é único e se tornará um marco em sua vida.

25 DICAS PARA O SUCESSO PESSOAL E PROFISSIONAL

Ao longo deste livro, você refletiu sobre várias dicas importantes. Agora, leia com especial atenção estas dicas finais, mas leia devagar. Reflita sobre cada uma. Depois de ler, leia novamente. São sugestões simples, mas reúnem muita sabedoria pesquisada nas obras de vários autores. Com toda a certeza, elas podem gerar um grande impacto positivo em sua vida. Desfrute uma por uma.

COMECE COM OS PRIMEIROS PASSOS.
Não se corre uma maratona da noite para o dia. Comece com os primeiros passos. Nesse caso, o primeiro quilômetro já é uma vitória. Cada km que você avança é uma evolução. Para qualquer esporte, você precisa ir evoluindo aos poucos, respeitando seu corpo e suas limitações momentâneas. Para tudo na vida é necessário dar os primeiros passos em direção ao seu objetivo.

ELOGIE TRÊS PESSOAS POR DIA.
Não é comum, entre nós, o hábito de elogiar as pessoas. Mas quando aprendemos a força que tem um elogio, começamos a elogiar com mais frequência e mais ênfase, pois uma atitude elogiada tende a se repetir. O reconhecimento é essencial para elevar a autoestima de uma pessoa e melhorar o clima nas relações humanas.

TENHA UM APERTO DE MÃO FIRME.
O seu aperto de mão revela a sua personalidade. Quando é frouxo, indica pouca firmeza. É bom que seja forte, transmitindo segurança (mas sem exagerar na força). Muitos negócios não se concretizaram

porque no aperto de mão os negociadores não sentiram confiança um no outro.

CUIDE DO SEU CORPO.

Muitas pessoas são sedentárias, não cuidam do corpo, não dormem bem, não comem alimentos saudáveis, não se exercitam. A criação de hábitos de alta *performance* é essencial para a nossa saúde. A prática de atividade física faz a gente viver mais e melhor. Além disso, durma bem, o sono é restaurador, ele nos revigora para um dia produtivo. Essas dicas são valiosíssimas para você que está buscando alta *performance* na vida e no trabalho.

OLHE AS PESSOAS NOS OLHOS.

Quando você estiver falando com uma pessoa, inclusive quando estiver dando um aperto de mãos, olhe nos olhos, com firmeza e simpatia. Olhar nos olhos transmite credibilidade. A comunicação e a identificação com as pessoas se estabelecem com mais força quando você olha nos olhos.

SAIBA PERDOAR A SI E AOS OUTROS.

O perdão é divino, quem guarda mágoas está prejudicando a si mesmo. É necessário perdoar. Tem gente que continua com seu inimigo, dia e noite, porque fica carregando em seu coração muita mágoa e sentimento de vingança. Perdoe até mesmo quem tenha ofendido você, pois, mesmo tendo razão, aqueles sentimentos não fazem bem à nossa saúde física, mental e espiritual. Quem perdoa se liberta das energias negativas.

FAÇA NOVOS AMIGOS SEMPRE.

É importante fortalecer sua rede de contatos. Aproveite as oportunidades para conquistar novas amizades, pois, ao ampliar sua rede de contato, as suas possibilidades aumentam em todas as dimensões da vida: nos negócios, nas atividades sociais, culturais, etc. Mas não deixe de cultivar com todo o carinho as antigas amizades, que se tornaram mais próximas com o tempo e que são um alicerce fundamental em nossa existência.

NÃO FALE MAL DAS OUTRAS PESSOAS.

Muitas vezes não nos damos conta que o tempo perdido não volta. Por isso, invista seu tempo em algo que o fará feliz. Evite fazer comentários negativos sobre as pessoas, não faça parte da rodinha de amigos que ficam gastando tempo e energia falando mal das outras pessoas. Eu sempre falo, você não é obrigado a andar com ninguém. Se a pessoa tem vários defeitos e atitudes que você não concorda, saia de perto dela e evite comentar com outras pessoas sobre ela. Uma coisa é certa, na roda dos fofoqueiros de plantão, enquanto você estiver presente, não será o alvo da conversa, mas quando você se afastar, será.

NÃO ADIE ALEGRIAS, SEJA FELIZ AGORA.

Não coloque condições à sua frente para então se alegrar. Permita-se viver a alegria, que é um estado de espírito, saudável e positivo. O momento mais importante para ser uma pessoa alegre e contagiante é agora, no momento presente, e não depois.

SURPREENDA A QUEM VOCÊ AMA COM PRESENTES INESPERADOS.

É ótimo ganhar um presente em seu aniversário, data de casamento, Natal ou Ano-Novo, mas nessas datas o ato de presentear é normal, previsível. Surpreenda! Presenteie em uma data inesperada. Crie seu momento para surpreender as pessoas mais próximas.

FAÇA O BEM PARA VOCÊ, SORRIA!

O sorriso é uma porta que você abre para as pessoas com quem convive. Sorrir traz felicidade, rejuvenesce, faz bem à saúde. Lembre-se: a imagem que você projeta de si no espelho é a mesma que os outros estão vendo. Agora sorria e perceba como tudo se transforma à sua volta. Sorria para a vida e a vida vai sorrir para você.

SEJA HUMILDE.

Ninguém acerta sempre, ninguém sabe de tudo, todos precisam de ajuda. Escute. Aceite sempre uma mão estendida e um conselho. Se você passa por momentos difíceis, é porque está caminhando. Se caiu, é sinal de que está tentando prosseguir. Se errou, é porque está aprendendo. Se perdeu, isso é um treino para vencer em próximas oportunidades.

A humildade é uma característica fundamental para você se tornar um campeão.

PAGUE SUAS CONTAS EM DIA.

Honre seus compromissos na data acordada. Pagar as contas em dia mostra que você é uma pessoa honesta e possui credibilidade. Não faça compromissos financeiros que você não vai poder cumprir.

GASTE MENOS DO QUE GANHA.

É necessário fazer um bom planejamento de suas finanças pessoais. Você não precisa gastar tudo que ganha e não pode gastar mais do que tem. É necessário fazer uma economia para projeções futuras. Algumas pessoas gastam tudo que ganham e um pouco mais, estão sempre em alerta vermelho. "Muitos gastam dinheiro que não têm para comprar coisas que não precisam, para impressionar pessoas de quem não gostam". Em nome da sua tranquilidade presente e futura, economize.

NÃO REZE SOMENTE PARA PEDIR COISAS MATERIAIS.

Temos a tendência de rezar somente para pedir, ou então em um momento de aflição. Faça diferente e reze para agradecer. Agradeça pela família que você tem, agradeça pela vida que você tem, pela saúde, pelo trabalho, pelos bens que você possui. Principalmente, agradeça a Deus pela oportunidade de um novo dia. Quando quiser pedir alguma coisa a Deus, peça inspiração, sabedoria e coragem.

CONCEDA UMA SEGUNDA CHANCE.

Todo ser humano comete erros, mas nem todos têm uma segunda chance. Se você for capaz de dar uma segunda chance para alguém, também terá a oportunidade de receber essa oportunidade de fazer melhor da próxima vez.

NÃO ESPERE POR MOMENTOS FELIZES.

Estamos esperando por momentos felizes em nossas vidas, que na maioria das vezes não acontecem. Que tal você começar a criar momentos felizes? Criando boas experiências com quem você ama, incluindo familiares e amigos especiais. A sua felicidade não tem tempo e nem hora exata para acontecer. Portanto, ela vai acontecer quando você começar a viver boas experiências, e isso está em suas mãos. Acredite, você pode ser feliz no momento presente.

NÃO TOME DECISÕES CANSADO OU NERVOSO.

Já vi relacionamentos de décadas se desfazerem (pessoais ou profissionais) porque, em meio a emoções negativas, a pessoa tomou uma decisão errada. Antes de tomar qualquer decisão, principalmente quando forem decisões importantes, lembre-se de que você terá que conviver pelo resto da vida com as consequências das suas escolhas. Descanse primeiro e reflita, para decidir melhor.

DÊ O MELHOR DE SI NO SEU TRABALHO.

Não faça por menos: mesmo em tarefas que pareçam pequenas ou pouco importantes, você pode dar o melhor de si. Sob qualquer circunstância, sempre faça o melhor possível. Porém, tenha em mente que o seu "melhor" nunca será o mesmo de um instante para outro. Tudo está vivo e mudando o tempo todo. Fazer o seu melhor produzirá alta qualidade na maioria das vezes, mas é necessário melhorar sempre. O aperfeiçoamento não termina.

SAIBA VENCER.

Tenho visto pessoas esquecerem ou abandonarem quem as ajudou no passado, quando estavam subindo a escada do sucesso. É essencial lembrar que você chegou ao topo porque contou com a ajuda de outras pessoas. Seja humilde nas vitórias, "pois até o sol, com toda a sua grandeza, se põe e deixa a lua brilhar". (Bob Marley).

NÃO ENCARE CRÍTICAS COMO ATAQUES PESSOAIS.

Aprenda a receber críticas. Lembre-se que somos pessoas diferentes. Cada um de nós percebe as coisas à sua maneira, de acordo com as suas circunstâncias e experiências. Sempre podemos aprender com os outros. E não culpe ninguém pelos erros que você comete. A cada dia podemos nos tornar pessoas melhores.

SELECIONE QUEM FARÁ PARTE DE SEU CONVÍVIO.

Existem pessoas com quem, definitivamente, não vale a pena conviver. Você deve tratá-las com fraternidade e cortesia, não deve cultivar sentimentos negativos a respeito delas, mas não precisa tê-las em seu convívio mais próximo. O seu tempo é precioso, vale ouro, e o clima harmonioso em seu dia a dia vale muito mais. Para fazer parte da sua vida, escolha pessoas positivas, que possam crescer junto com você.

DIGA AS PALAVRAS MÁGICAS DO DIA A DIA.

Bom dia, boa tarde, boa noite, por favor, com licença, obrigado. Você conhece bem essas palavrinhas, mas talvez não soubesse que elas são poderosas para o bom relacionamento entre as pessoas. Mesmo tendo um dia bem corrido, agitado ou tenso, não podemos deixar de usá-las. A educação é um fator primordial para o sucesso, pois cria um clima positivo em torno de você.

VISUALIZE O SEU SUCESSO.

Tenha em seu quadro mental a projeção de cenários vitoriosos. Por exemplo, você alcançando êxito naquilo que se propôs a fazer. Visualize suas ideias sendo bem recebidas pelas pessoas, suas metas sendo alcançadas e você chegando ao topo. A sua visualização vai fortalecer sua mente e sua autoestima. Mas lembre-se sempre que essas visualizações precisam ser acompanhadas por ações no mesmo sentido.

CONQUISTE SEU PÓDIO.

Sua vitória vai depender das suas atitudes, da sua persistência, capacidade realizadora e grau de conhecimento. Escolha a sua área de força, onde está o pódio da sua vitória, e busque aprimorar-se a cada dia, pois o aperfeiçoamento é constante e permanente. Mas saiba que seu conhecimento e sua capacidade só vão ajudá-lo se forem colocados em prática com atitudes positivas.

Agora é com você!

Pense nestas 25 dicas. Pratique-as todos os dias. Releia também as outras dicas presentes nos capítulos deste livro e pratique-as também.

A prática leva à perfeição.

Um forte abraço e fique com Deus.

Sucesso!

Salomão Ribeiro

CONTRATE O PALESTRANTE

SALOMÃO RIBEIRO

PARA UM TREINAMENTO ABERTO OU IN COMPANY E OBTENHA RESULTADOS PARA SUA EMPRESA.

Palestras motivacionais, vendas, atendimento, gestão de pessoas, alta performance. Dentre outros temas.

INSTITUTO SALOMÃO RIBEIRO

Consultoria, Treinamentos, Marketing e Eventos.

Contato: 093 99182-1154

E-mail: salomaoribeiroitb@gmail.com
institutosalomaoribeiro@hotmail.com

REFERÊNCIAS BIBLIOGRÁFICAS

BRUNET, Tiago. *Especialista em pessoal:* soluções bíblicas e inteligentes para lidar com todo tipo de gente. São Paulo: Planeta, 2020.

CARNEGIE, Dale. *Como falar em público e encantar as pessoas.* Rio de Janeiro: Sextante, 2020.

CHAVES, Leo. *A grande arte de se reinventar:* as 7 habilidades que podem mudar a sua vida. São Paulo: Planeta do Brasil, 2019.

CHOPRA, Deepak. *As sete leis espirituais do sucesso.* São Paulo: Editorial Presença, 2015.

CONCER, Thiago. *Vendas não ocorrem por acaso.* Rio de Janeiro: Alta Books, 2021.

DEÂNDHELA, Tathiane. *Faça o tempo enriquecer você.* São Paulo: Editora Gente, 2020.

DEÂNDHELA, Tathiane. *Faça sua comunicação enriquecer você.* São Paulo: Editora Gente, 2022.

EKER, T. Harv. *Os segredos da mente milionária.* São Paulo: Sextante, 2014.

ELROD, Hal. *O milagre do amanhã.* Rio de Janeiro: Best Seller, 2022.

HILL, Napoleon. *As 16 leis do sucesso*: o livro que mais influenciou líderes e empreendedores em todo mundo. Comentado e adaptado por JACOB PETRY. São Paulo: Faro Editora, 2017.

MARINS, Luiz. *Perguntas sobre liderança, gestão, marketing, vendas, motivação e sucesso.* São Paulo: Integrare Editora e Livraria Ltda., 2016.

MARINS, Luiz. *Só não erra quem não faz.* São Paulo: Integrare Editora e Livraria Ltda., 2017.

MARQUES, José Roberto. *Desperte o seu poder.* São Paulo: Buzz Editora, 2017.

RIBEIRO, Salomão. *Estratégia do super vendedor.* Itaituba: ISR – Instituto Salomão Ribeiro, 2016.

RIBEIRO, Salomão. *Felicidade em alta performance.* São Paulo: Literare Books International, 2021.

SITA, Mauricio Coordenação Editorial. *O poder do otimismo.* São Paulo. Literare Books International, 2019.

SOARES, Alfredo. *Bora vender.* São Paulo: Editora Gente, 2019.

SOUZA, César. *Você é do tamanho dos seus sonhos:* um passo a passo para fazer acontecer e ter sucesso no trabalho e na vida pessoal. Rio de Janeiro: Editora Agir Ltda., 2009.